Trish Magee

Das Geheimnis glücklicher Eltern

HERDER spektrum

Band 6066

Das Buch

52 einfache Tipps mit großer Wirkung. Glückliche Eltern sind ein Geschenk für Kinder. Und glückliche und selbstbewusste Kinder bereichern das Leben ihrer Eltern. Zwar fällt Eltern das Glück nicht immer in den Schoß, doch sie können die Bedingungen dafür schaffen. Trish Magee zeigt, was Eltern dazu tun können. Das wichtigste Rezept ist: Im Alltag auch das Positive sehen. Für die Kinder da sein, wenn sie sie brauchen, ihnen zuhören und sie unterstützen, sie – wenn es nötig ist – bedingungslos auffangen. Aber auch, ihnen selbst etwas zutrauen. Wie das im Alltag gelingt, zeigen die vielen Beispiele in diesem Buch. Und die Wirkung wird nicht lange auf sich warten lassen, die Erfahrung von Trish Magee zeigt: Kinder übernehmen gerne selbst Verantwortung für ihr Tun. Sie setzen sich für andere Menschen ein, und sie haben Freude an gemeinsamen Unternehmungen. – Was ist motivierender und was macht glücklicher als solche Erfolge? Eltern, die solches Glück erfahren, bewältigen auch die alltäglichen Probleme und Kümmernisse leichter. Wunderbar praktische Weisheiten für den Familienalltag.

Die Autorin

Trish Magee, Mutter von vier Kindern, Erzieherin und Grundschullehrerin, jahrelang tätig in der Elternweiterbildung und als Direktorin des Leseförderungsprogramms „Reach Out and Read" im Großraum New York.

Trish Magee

Das Geheimnis glücklicher Eltern

Aus dem Amerikanischen
von Bettina Mundt

HERDER

FREIBURG · BASEL · WIEN

Neuausgabe 2009

Titel der amerikanischen Originalausgabe:
Raising a happy, confident, successful child.
Published by Adams Media Corporation,
Holbrook, MA, USA
© 1997 by Trish Magee
Für die deutschsprachige Ausgabe:
© Verlag Herder GmbH, Freiburg im Breisgau 1999
Alle Rechte vorbehalten
www.herder.de

Umschlagkonzeption und -gestaltung:
R·M·E Eschlbeck / Botzenhardt / Kreuzer
Umschlagmotiv: © Getty Images

Satz: Layoutsatz Kendlinger
Herstellung: fgb · freiburger graphische betriebe
www.fgb.de

Gedruckt auf umweltfreundlichem, chlorfrei gebleichtem Papier
Printed in Germany

ISBN 978-3-451-06066-3

Für meine Mutter June Muller
und meine Schwiegermutter Grace Magee,
deren Liebe zur Erziehung und Hingabe
für die Erziehung ihrer Kinder
die folgenden Seiten widerspiegeln.

Inhalt

Einleitung

Ich bin in einer Familie mit zehn Kindern groß geworden. Schon früh fing ich an, elterliche Pflichten zu übernehmen, denn mein Vater starb, als ich zehn Jahre alt war. Meine Mutter musste drei Jobs gleichzeitig annehmen, um uns durchzubringen. Ich war eines der älteren Kinder und half ihr, indem ich mich um meine jüngeren Brüder und Schwestern kümmerte; aus dieser Verantwortung entwickelte sich ein lebenslanges Interesse. Ich dachte mir damals Spiele und andere Beschäftigungen für meine Geschwister aus. Dann kam der erste Schritt in meiner beruflichen Laufbahn: Mit dreizehn Jahren gründete ich meine erste Kindergruppe für Kinder aus der Nachbarschaft. Die Eltern gaben mir 75 Cents für eine Woche Kinderhüten. Mir fehlte offensichtlich jeglicher Geschäftssinn.

Nachdem ich einige Jahre als Erzieherin in einem Kindergarten gearbeitet hatte, gründeten Mike und ich unsere eigene Familie. In den Jahren unseres Familienlebens wurde mein wissenschaftliches Interesse an Kindererziehung zu einem persönlicheren Interesse. Ich hatte meine wahre Freude am elterlichen Alltag und gründete zusammen mit ein paar Freunden eine Spielgruppe für unsere Kinder. Mike und ich hatten innerhalb von vier Jahren drei Jungen bekommen. Michael, Mitchell und Marc. Wenn ich an die ersten Jahre zurückdenke, erinnere ich mich vor allem daran, wie viel immer los war und wie viel es zu tun gab. Die Jungs waren ständig in Bewegung. Und ich wirbelte um sie herum und musste gleichzeitig nachdenken, um mit ihrer Neugier und Energie mitzuhalten, besonders, wenn wir zusammen Aktionen planten. Ein paar Jahre später wurde unser viertes Kind, Meredith, geboren. Nach drei Jungen war sie ein wunderbarer Familienzuwachs. Unsere vier Kinder hielten mein Interesse an Erziehung ständig wach. Durch Workshops und Veröffentlichungen begann ich, mich mit anderen Eltern darüber auszutauschen.

Als ich einige Jahre später Referendare betreute, wurde mir klar, wie sehr das Wissen, das ich ihnen vermittelte, mit dem übereinstimmte, was ich früher den Eltern von Kleinkindern erzählt hatte. Diese Beobachtung führte zur Gründung eines Zentrums für frühes Lernen, das auch Workshops für Eltern anbietet, an einem öffentlichen Gesundheitszentrum in Philadelphia. Diese Workshops und zwei wichtige Ereignisse in meinem Leben – mein ältester Sohn hatte vor Kurzem geheiratet und die Jüngste war auf die Highschool gekommen –, waren für mich der Anstoß, auf die vielen Erfahrungen zurückzuschauen, die ich im Laufe von 40 Jahren gemacht habe. Der Rückblick auf die Geschichten, die ich, meine Familie und meine Freunde erlebt haben, wurde zur Grundlage dieses Buches.

Die Abschnitte dieses Buches leiten sich aus alltäglichen Erfahrungen ab. Sie behandeln fünf Themen: Zuhören und Lernen, Unterstützung, Beteiligung, Planung, Vergnügen. Jedes Thema wird anhand von zehn Grundsätzen erläutert, und jeder Grundsatz hat sein eigenes Zitat und seine eigene Geschichte. In das Buch ist die Arbeit meines ganzen Lebens eingeflossen. Und ich habe darin die Einsichten und die Erfahrungen aller Menschen zusammengetragen, denen ich auf meinem Weg begegnet bin. Einigen Prinzipien werden Sie leichter zustimmen können als anderen. Vielleicht finden Sie auch heraus, dass Sie sich schon ähnlich verhalten. Wenn das der Fall ist, dann hoffe ich, dass dieses Buch Sie bestärkt. Aber, wenn ich etwas über die Erziehung von Kindern gelernt habe, dann ist es, dass man nie aufhört zu wachsen, weil es immer etwa zu lernen gibt.

Thema Nr. 1:
Zuhören und lernen

Das beste Umfeld, das ein Zuhause bieten kann, ist ein dynamisches Umfeld, denn es fördert Wachstum und Entwicklung der Persönlichkeit. Da kleine Kinder einen natürlichen Instinkt haben, die Welt zu erforschen, tragen sie selbst immer zu einem solchen Umfeld bei. Sie besitzen die zwei wichtigsten Eigenschaften, die man zum Lernen braucht: Neugier und Energie. Diese Eigenschaften bringen Kinder dazu, Fragen zu stellen, und diese Fragen eröffnen neue Welten. Für Eltern ist es leicht, sich zum Lernen zu motivieren: Sie brauchen einfach nur Zeit mit ihren Kindern zu verbringen. Aber das Prinzip „Zuhören und Lernen" bedeutet mehr, als nur mit den eigenen Kindern auf Entdeckungsreise zu gehen. Zuhören heißt, sich eines anderen Menschen bewusst zu werden und ihm Achtung entgegenzubringen – ob dieser Mensch nun das eigene Kind oder ein anderer Erwachsener ist. Wenn Sie anfangen, sich nach anderen Menschen umzuschauen, von denen Sie lernen können, werden Sie entdecken, dass es überall in Ihrer Umgebung solche Menschen gibt. Denn wo immer es Vielfalt gibt, gibt es Möglichkeiten zu wachsen.

1
Sehen Sie das Gute

Eden ist das altmodische Haus,
In dem wir täglich leben,
Ohne etwas von unserem Aufenthalt zu ahnen,
Bis wir fortgehen.
(Emily Dickinson)

Man kann schnell ins Negative geraten. Vielleicht hat man nicht gut geschlafen, oder man hat viel Stress, oder man ist einfach angeschlagen. An solchen Tagen kann es jedem von uns passieren, dass er nur das Schlechte sieht und den Blick für das Gute verliert.

Wir mussten mit der ganzen Familie mehrfach umziehen. Jeder, der das mitgemacht hat, weiß, dass das für die Familie traumatisch sein kann. Als Meredith sieben Jahre alt war, zogen wir nach Longmeadow in Massachusetts. Wir zogen im September um, zu Beginn des neuen Schuljahrs. Marc war gerade in der siebten Klasse, und Mitchell kam gerade auf die Highschool, und beiden fiel es schwer, sich einzuleben. Aber für Meredith war der Wechsel ganz besonders schwierig. Halloween rückte näher, und Meredith hatte noch keine Freundin gefunden, mit der sie verkleidet von Tür zu Tür gehen konnte. Bei uns war Halloween immer ein großes Ereignis, und ich hatte Meredith extra ein Kostüm genäht. Mike sagte ihr, es wäre bestimmt lustig, wenn er mit ihr losziehen würde, aber Meredith war offensichtlich ganz geknickt, weil sie noch keine Freundin gefunden hatte.

An Halloween wachte ich mit heftigen Kopfschmerzen auf. Die ganze Nacht hatte ich mich hin und her gewälzt. Ich quälte mich aus dem Bett und ging nach unten, um einen Kaffee zu trinken. Mike kam bald nach, und wenig später folgten auch Meredith, Marc und Michael zum Frühstück in die Küche. Ich sah auf die Uhr und bemerkte, dass wir zu spät dran waren. „Wo ist Mitchell?" Keiner antwortete, also ging ich in sein Zimmer und fand ihn dort fest schlafend. Überall lagen Papiere von den Hausaufgaben herum, an denen er am Abend gesessen hatte. Das Papier überdeckte sogar die schmutzige Wäsche, die auf dem Boden lag. „Mitch!", rief ich. „Wach auf!" Er schlug mehrmals die Augen auf, war sich seiner Umgebung aber nur teilweise bewusst. „Wach auf! Wir sind schon spät dran ... und räum dein Zimmer auf!" Ich grollte vor mich hin, während ich wieder runterging.

Beim Abendessen saß Meredith schweigsam und in sich selbst gekehrt am Tisch. Als ich ihr nach dem Essen in ihr Kostüm half, bemerkte Mitch, dass sie bedrückt war, weil sie mit ihrem Vater losgehen musste. Ohne ein Wort ging er nach oben und suchte sich ein wildes Kostüm zusammen. Ein paar Minuten später stand er da und verkündete, wie gern er mit ihr Halloween feiern würde. Ich weiß, dass es Mitch meistens absolut peinlich fand, mit seiner kleinen Schwester loszuziehen oder mit ihr zu spielen. Und ich werde ewig dankbar sein, dass er an diesem Abend seinen ganzen Teenager-Stolz heruntergeschluckt hat, damit seine Schwester sich nicht schlecht fühlte.

Den Tag hatte ich damit begonnen, nur die schlechten Seiten meines Sohnes zu sehen. In Gedanken war ich so sehr mit seiner Unordentlichkeit und mit seiner Trödelei beschäftigt gewesen, dass ich die Seiten an ihm, die ich liebte, fast vergessen hatte: seinen Mut, seine Güte und seine Aufmerksamkeit. Seine positiven Seiten überwiegen seine Fehler bei Weitem. Sie wären mir aber beinah entgangen, weil ich nur an seine negativen Eigenschaften dachte.

2
Seien Sie ein Vorbild

Kinder konnten Älteren noch nie besonders
gut zuhören, aber sie haben es sich nie
entgehen lassen, sie nachzuahmen.

(James Baldwin)

Kinder erforschen ständig die Welt, die sie umgibt. Sie lernen, indem sie beobachten, und in ihren ersten Jahren beobachten sie vor allem ihre Eltern. Wenn Sie Ihrem Kind also etwas beibringen wollen, seien Sie ganz einfach ein gutes Vorbild.

Wie das manchmal so ist: Ich hatte einen „fürchterlichen, miesen, grässlichen Tag". Sie kennen das Szenario. Sobald man ein Kind beruhigt hat, fängt ein anderes an, Krach zu schlagen. Aus allen Richtungen stürmen Klagen und Wünsche auf einen ein. An jenem Morgen tobten Marc und Meredith ums Haus herum. Michael holte alle Früchte aus dem Kühlschrank, um genau diejenige Apfelsine zu finden, die er wirklich haben wollte. Mitchell hatte beschlossen zu malen und meinte, dass er unbedingt jetzt sofort seine Farben brauchte und keinen Moment später. Mit lauter, fordernder Stimme brüllte er seine Befehle: „Hol meine Farben runter!" Ich drehte mich um und schrie noch lauter und schriller: „Wo hast du denn diese widerliche, laute Stimme her?" Alle hörten mit dem auf, was sie gerade taten, und für einen Augenblick war es ganz still. Mitchell sah mich an, kratzte sich am Kopf und sagte: „Wo hab' ich nur diese widerliche, laute Stimme her?"

3
Lernen Sie von anderen

Man kann eine Menge beobachten,
wenn man einfach nur zuschaut.
(Yogi Berra)

Eine gute Beobachtungsgabe erfordert ein gewisses Maß an Bescheidenheit. Um von jemandem zu lernen, müssen wir uns von dem Impuls befreien, uns einzumischen, und einfach nur zuschauen.

Nachdem ich in zwanzig Jahren vier Kinder großgezogen und zwei akademische Abschlüsse im Fach Pädagogik erhalten hatte, meinte ich, eine Menge über Kindererziehung zu wissen. Bis ich Donna traf. Ich leitete Spielgruppen für Eltern an einer Kinderklinik. Donna hatte sich für die Spielgruppe mit den Kleinkindern gemeldet, und sie fragte, ob sie ihre vier älteren Kinder mitbringen könne, denn sie habe niemanden, der in dieser Zeit auf sie aufpasse. Als ich mit den Kursen begann, meinte ich, mit meiner Erfahrung unter Eltern viele gute Informationen weitergeben zu können. Aber ich merkte schnell, dass auch ich die Gelegenheit hatte, dazuzulernen. Ich bemerkte, wie ich innehielt und beobachtete, wie Donna mit ihren Kindern sprach. Ich bewunderte die Art, wie sie Blickkontakt zu ihnen herstellte und wie sie ihnen mit ihrer sanften Stimme ein Gefühl von Sicherheit vermittelte. In den nächsten acht Wochen erlebten meine Assistentin und ich die liebevollste, sanfteste Mutter, die wir je gesehen hatten. Ihre Kinder waren wiederum so selbstsicher und aufgeweckt, so warmherzig und fröhlich, wie wir es nie zuvor erlebt hatten.

In meiner Ausbildung lernte ich, wie wichtig es ist, Kinder nicht anzuschreien. Aber bei meinen eigenen Kindern gingen meine Gefühle manchmal mit mir durch. Bei Donna wurde die Theorie zur Praxis – sie war der lebende Beweis dafür, wie man Kinder mit einer entschiedenen, aber gleichzeitig behutsamen Art erfolgreich erziehen kann. Wir beobachteten, wie Donna mit ihren Neun- und Zehnjährigen sprach, wenn ihr etwas, was einer von beiden tat, nicht gefiel. Sie ermahnte sie dann, indem sie auf die Folgen des Verhaltens hinwies. Sie vermittelte ihnen Gemeinschaftssinn und Verantwortungsgefühl. Nach der Gruppe halfen sich ihre Kinder gegenseitig dabei, ihre Sachen zusammenzusuchen. Jedes ältere Kind nahm ein jüngeres bei der Hand. Ihr Vater Mike, der sie nach der Arbeit abholte, hatte die gleichen Fähigkeiten: Er ging sanft und geduldig mit den Kindern um und sprach immer sehr ruhig mit ihnen. Bald sahen wir alle – die Eltern, meine Assistentin und ich – Mike und Donna zu, um von ihnen zu lernen.

Donna und Mike leiten inzwischen Workshops an unserer Kinderklinik. Ich schreie kaum noch, und wenn ich Ermutigung brauche, dann sehe ich einfach Donna zu. Man kann von vielen Menschen lernen. Man muss nur die Augen aufmachen.

4
Zeigen Sie Respekt

Der Mensch lebt nicht vom Brot allein.
Viele ziehen Selbstachtung dem Essen vor.
(Mahatma Gandhi)

Manchmal stellen wir uns vor, dass Respekt nur in eine Richtung funktioniert. Man hört oft, dass Kinder ihre Eltern und allgemein ältere Menschen respektieren sollen. Es ist sonderbar, dass das nicht in beide Richtungen zu funktionieren scheint. Wie oft sagen wir, dass Eltern ihre Kinder respektieren sollen? Genau das ist jedoch notwendig, wenn Sie eine liebevolle Umgebung für Ihr Kind schaffen wollen.

Wirklicher Respekt ist mehr als nur Freundlichkeit, er ist Verständnis für den Platz eines Menschen in der Welt. Wenn man Kindern sagt, sie sollten Respekt vor ihren Eltern haben, dann bittet man sie in Wirklichkeit darum, sich ihrer Herkunft bewusst zu sein: Sie sollen verstehen, welche Opfer ihre Eltern und Großeltern für sie gebracht haben und welche Schwierigkeiten sie überwunden haben, um dahin zu kommen, wo sie heute sind. Sie sollen ihre Lebenserfahrung achten. Umgekehrt geht es ebenso darum, dass auch die Eltern lernen sollten, ihre Kinder zu respektieren.

Gute Voraussetzungen für die Kinder zu schaffen, das heißt auch anzuerkennen, wozu sie ihrer Entwicklung nach fähig sind. Kinder sagen oft sehr ehrlich und direkt, was sie denken. Und manches, was sie sagen, kann Ihnen wertvolle Einsichten schenken.

Mir fällt eine Unterhaltung ein, die ich vor Jahren einmal zufällig zwischen meinem Schwager und seinem Vater mit anhörte. Sein Vater hatte gesagt, dass seine Enkel ihm nie einen Begrüßungskuss geben, wenn er zu Besuch kommt. Bill antwortete: „Dad, du musst daran denken, dass sie noch klein sind, und in diesem Alter können sie sehr schüchtern sein. Manchmal muss man auf sie zugehen und Hallo zu ihnen sagen, damit sie aus sich herausgehen." Das war ein ganz simpler Ratschlag, aber er zeigt gut, wie wichtig es ist, Kinder zu verstehen. Die meisten Eltern verstehen beispielsweise, dass ihre Kinder nicht so schnell laufen können wie sie, weil sie kürzere Beine haben. Wenn Sie langsamer gehen, zeigen Sie Ihrem Kind gegenüber Respekt. Dieser Vorgang verdeutlicht ein größeres Prinzip: Es ist wichtig, dass Eltern sich Zeit dafür nehmen, darüber nachzudenken, wo ihre Kinder zurzeit stehen. So wird gegenseitiger Respekt möglich.

5
Seien Sie konsequent

Mit der Konsequenz ist es
wie mit dem Benutzen von Zahnseide.
Man muss sie jeden Tag benutzen.
Es führt zu nichts, wenn man es an den
Wochenenden wie verrückt nachholt.
(Ada Alden)

Worauf könnte man sich verlassen, wenn es keine Beständigkeit gäbe? Veränderungen gehören zu den größten Belastungen im Leben. Denken Sie an die ersten zwanzig Jahre im Leben eines Menschen. Diese Jahre sind voll von großen Veränderungen. Unser Denken, unser Körper, unsere Beziehungen, unsere Hoffnungen und unsere Träume ändern sich täglich. Damit sie all diesen Veränderungen gewachsen sind, ist es für Kinder ganz wichtig, dass einige Dinge in diesen Jahren konstant bleiben.

Ich werde nie vergessen, wie ich meine Schwiegermutter zum ersten Mal traf. Ich war sechzehn. Mike hatte mich zu sich nach Hause mitgenommen, damit ich seine große Familie kennenlernte. Als wir hereinkamen, wollte Mike mich seiner Mutter vorstellen, aber es war so laut, dass sie nicht verstehen konnte, was er sagte. Sie wandte sich ihrer Sippe zu und sagte mit sanfter, aber fester Stimme: „Hört mit dem Krach auf!" Damals dachte ich, sie wolle damit nur einen neuen Gast beeindrucken. Aber als ich mehr und mehr Zeit bei ihnen verbrachte, entdeckte ich, dass sie immer so mit ihren Kindern umging. Ich kenne meine Schwiegermutter nun seit zweiunddreißig Jahren, und es wundert mich noch immer, dass ich nie erlebt habe, dass sie ihre Kinder anschreit.

Ich glaube, eines der größten Geschenke, das sie ihren Kindern machte, war ein sehr sicheres, stabiles Zuhause. Sie regelte den Ablauf des Haushalts so, dass er feste Bezugspunkte bot. Sie konnten sich stets auf ihre Ausgeglichenheit und auf ihre Konsequenz, auf ihre Worte und ihre Liebe verlassen. Ihr Zuhause war durch ein konsequentes, verlässliches Verhalten gefestigt. Das gab ihnen eine große Sicherheit in allen Phasen des Aufwachsens.

Die Beständigkeit des Familienlebens besteht nicht nur darin, eine gewisse Disziplin einzuhalten. Sie bedeutet, dass man eine Struktur aus routinemäßigen Vorgängen bildet. Das schließt durchaus Vergnügungen ein, auf die man sich gemeinsam freuen kann: die Pizza am Freitagabend, die regelmäßige Gutenachtgeschichte oder eine Fernsehsendung, die man sich gemeinsam ansieht.

6
Seien Sie mutig

Mut ist die Leiter,
die alle anderen Tugenden hinaufklettern.
(Claire Booth Luce)

Eine der Eigenschaften, die das Elterndasein gewöhnlich
mit sich bringt, ist eine stärkere Verwundbarkeit. Egal wie
selbstsicher man ist, es scheint unmöglich, sich nicht um die
Kinder zu sorgen. Sind sie sicher und geborgen? Finden sie
Freunde? Werden sie krank? Wenn man Kinder aufzieht,
kann man sich wirklich halb zu Tode ängstigen. Deshalb
brauchen Eltern Mut.

Meine Schwester Priscilla erhielt eines Tages bei der Arbeit einen Anruf, in dem man ihr mitteilte, dass ihre bis
dahin kerngesunde Tochter Maria einen Anfall hatte. „Wir
sehen Sie dann in der Klinik." Sie können sich vorstellen,
wie sie sich fühlte, als sie zu ihrem Kind eilte. Und sie können sich die Belastung in den nächsten zwei Wochen vorstellen. Untersuchungen, Blutproben und Ultraschallauf-
nahmen, und all das, während der Körper des Kindes wi-
dersprüchlich auf die Medikamente reagierte. Als dann die
Diagnose auf Epilepsie lautete, musste Priscilla Freunde und

Verwandte informieren und sich darum kümmern, dass Maria rund um die Uhr betreut wurde.

Als Nächstes lernten Priscilla und ihr Mann Tom, sie mit ihren täglichen Medikamenten zu versorgen. Dann mussten sie ihr Familienleben wieder normalisieren und sich um Marias Bruder James kümmern. Das alles erforderte viel Mut.

Woher kam dieser Mut? Wahrscheinlich war meine Mutter ihr Vorbild, die nach dem Tod meines Vaters, als wir noch Kinder waren, so stark gewesen war. Eltern unterschätzen ihre Kraft in Krisenzeiten. „Das ist zu beängstigend", werden viele denken. Und manchmal ist es das auch. Aber das eigentliche Geheimnis der Kraft liegt darin, dass Eltern und Kinder ihr Leben gegenseitig bereichern.

7
Machen Sie die Freundlichkeit zur Regel

Freundlichkeit und Großzügigkeit bilden
die wahre Moral menschlichen Handelns.
(Madame de Staël)

In unserer Gesellschaft verleihen wir guten Taten oft heldenhafte Ausmaße. Das ist einerseits nützlich, weil es unsere Aufmerksamkeit auf das Gute dieser Taten lenkt. Leider verstärkt diese Glorifizierung von spektakulären guten Taten jedoch die Vorstellung, dass Freundlichkeit und Hilfsbereitschaft als etwas Seltenes und Besonderes angesehen werden. Kinder nehmen ständig Informationen auf und versuchen so, die Welt zu verstehen. Vielleicht schließen sie aus der Art, wie diese ungewöhnlichen Taten von den Medien behandelt werden, dass man nicht die ganze Zeit freundlich und liebenswürdig zu sein braucht. Vielleicht lernen sie so, dass eine einzige außergewöhnliche Tat alle anderen Fehler wettmacht. Bei unserer ständigen Suche nach der großen Story übersehen wir oft die alltäglichen einfachen Gesten, die von Güte und Freundlichkeit zeugen.

Ich hatte eine Großtante mit dem Spitznamen Toddles (eng. toddle = watscheln, zotteln). Sie hatte nie geheiratet und verbrachte gerne und häufig ihre Zeit mit uns Kindern, deren Gesellschaft sie genoss. Sie kam oft zum Abendessen zu uns. Danach saßen wir dann zusammen; ihre Geschichten fesselten uns, und wir unterhielten sie mit unseren Faxen. Als meine Geschwister und ich heirateten und selbst Kinder bekamen, feierten wir weiterhin mit Toddles. Sie freute sich über die Energie unserer Kinder, wenn sie bei Familienfeiern und an Weihnachten im Haus meiner Mutter herumrannten und spielten. Die Jahre vergingen und wir mussten Tante Toddles in einem Pflegeheim unterbringen, in dem wir sie oft besuchten. Das nächste Weihnachtsfest verlegten wir einfach in das Heim. Die Kinder spielten in ihrem Zimmer, während wir mit Toddles in Erinnerungen schwelgten. Wir sangen Lieder, und die Kinder tanzten. Menschen werden allzu oft ausgeschlossen, wenn sie alt werden, obwohl sie noch an so vielem teilnehmen können. Wir haben unseren Kindern nicht gesagt, dass das besonders freundlich und liebenswürdig von uns war. Die Feier im Pflegeheim entsprach den Erwartungen, denn das Gute gehörte zum Alltag.

8
Hören Sie gut zu

Wenn Sie ein offenes Ohr haben, werden Sie hören,
Und wenn Sie zuhören, werden Sie weise sein.

(Ben Sira)

Wenn man wie ich in einer Familie mit zehn Kindern aufwächst, gewöhnt man sich daran, mit mehreren gleichzeitig zu reden. Wenn man dann erwachsen wird, denkt man leicht, dass man ausgezeichnet kommunizieren kann, ohne zu merken, dass man vielleicht nicht der beste Zuhörer ist.

Meine Freundin Anne ist ganz besonders gut darin, zuzuhören. Man fühlt sich nie beurteilt oder in eine Richtung gedrängt, wenn man ihr seine Gedanken oder Ansichten mitteilt. Vor einigen Jahren wurde mir der Wert dieser Eigenschaft besonders deutlich. Damals war ich Zeugin eines sehr emotionsbeladenen Gesprächs zwischen Anne und ihrem Sohn Jed. Ihre Familie hatte gerade einen Neuankömmling, eine Adoptivschwester für Jed, willkommen geheißen.

Jed war damals fünf Jahre alt. Er saß mit seiner Mutter am Küchentisch und schmierte sich ein Brot mit Erdnussbutter. Leise sagte er: „Mom". Ann hielt inne und schaute ihn an. Man konnte sehen, wie er sich entspannte, als sie ihn lieb anlächelte. „Mom, ich bin froh, dass wir Susanna adoptiert haben. Jetzt muss ich nicht mehr so tun, als ob ich eine Schwester hätte. Ich habe im Kindergarten immer erzählt, ich hätte eine Schwester, aber jetzt brauche ich nicht so zu tun, als ob." Anne lachte und sagte einfach: „Ich bin auch froh." Sie wusste, dass es an der Zeit war, zuzuhören. Es gab diesmal keine Standpauke darüber, dass man die Wahrheit sagen soll, darüber, was wirklich ist und was nicht. Sie fragte nicht: „Hast du deiner Erzieherin erzählt, du hättest eine Schwester?" Sie erlaubte ihrem Kind einfach, seine innersten Gedanken mitzuteilen, ohne dabei kritisiert oder bewertet zu werden.

Es gibt einen Unterschied zwischen hören und zuhören. Hören erfordert einen geringeren Grad an Aufmerksamkeit. Man kann etwas hören, auch wenn man von äußeren Ereignissen oder gedanklich abgelenkt ist. Beim Zuhören ist man hingegen ganz und gar bei der Sache. Kinder brauchen unsere volle Aufmerksamkeit, damit sie wachsen können.

9
Wachsen Sie mit Ihren Kindern

Wenn wir uns nur dazu herabließen, würden wir
die wichtigsten Lehren unseres Lebens nicht
von den erwachsenen, gelehrten Menschen erhalten,
sondern von den so genannten dummen Kindern.
(Mahatma Gandhi)

Kinder scheinen lebenshungrig zu sein. Sie erkunden immerzu Neues und stellen Fragen, um die Welt zu verstehen. Wir denken oft, die Aufgabe von Kindern sei es, zu lernen, und unsere Aufgabe als Eltern sei es, ihnen etwas beizubringen. Aber wenn man sich darauf einlässt, kann es spannend sein, mit ihnen zu lernen.

Als wir auf dem Land wohnten, war Michael unglaublich neugierig auf alle Tiere, die in und an dem Bach hinter unserem Haus lebten. Es war an einem heißen Sommertag, ich bereitete gerade das Abendessen zu. Michael, der damals fünf Jahre alt war, kam in die Küche und tippte mir auf die Schulter. Als ich mich umdrehte, fragte er seelenruhig: „Mom, was für eine Schlange ist das?" Mit großen Augen stand er da und hielt eine riesige schwarze Schlange fest – und fragte sich, wie sie wohl hieß und zu welcher Art sie gehörte. Ich stieß einen entsetzlichen Schrei aus und sprang auf einen Stuhl. Als ich den ersten Schreck überwunden hatte, guckten wir uns die Schlange näher an. Dann setzten wir sie wieder an den Bach und gingen zur Bücherei, um in einem Schlangenbuch nachzugucken, was das für eine Schlange war. Bevor Michael geboren wurde, konnte ich ein Eichenblatt nicht von einem Ahornblatt und einen Einsiedlerkrebs nicht von einem Hufeisenkrebs unterscheiden. Aber seine Energie und seine Begeisterung weckten mein Interesse für alles Mögliche. Ich glaube, ich habe in den fünf Jahren, in denen wir dort wohnten, die Namen von fast allen Pflanzen und Tieren in der Umgebung gelernt.

Als Eltern hatten Mike und ich das Glück, zu beobachten, wie unsere Kinder immer mehr über ihre Umwelt lernten, je älter sie wurden. Doch wenn ich auf diese Jahre zurückblicke, dann sehe ich auch, wie viel wir durch unsere Kinder gelernt haben und wie sehr wir dadurch gewachsen sind. Jedes unserer Kinder hat uns etwas anderes nahegebracht. Mitchell hat unser Interesse für die Welt der Kunst angeregt. Michael hat uns dabei geholfen, Gedichte zu verstehen und uns an ihnen zu freuen. Durch Marcs Begeisterung haben wir Wissenschaft, Technologie, den Weltraum und die Politik erkundet. Und zu guter Letzt haben wir durch Meredith ein stärkeres Bewusstsein für die Rechte von Tieren, für gesunde Lebensmittel und Ernährung und die Wunder der Natur entwickelt. Wenn Sie sich auf die Begeisterung Ihrer Kinder einlassen, können sie Ihnen Welten eröffnen.

10
Setzen Sie Grenzen

Man wird erst zu einem selbständigen Menschen,
wenn man ein Gefühl persönlicher Sicherheit
entwickelt hat. Kinder brauchen das sichere Gefühl,
dass sie geliebt werden. Wenn sie keine Grenzen haben,
fühlen sie sich nicht geliebt und werden woanders
danach suchen.

(Ada Alden)

Kinder scheint es von Natur aus zu Extremen hinzuziehen. Auf diese Weise versuchen sie herauszufinden, wo die Grenzen der Sicherheit, des Durchhaltevermögens, der Regeln sind und wo ihre eigenen Grenzen liegen. Das kann Eltern von Kleinkindern, vorpubertären Kindern oder von Teenagern reichlich durcheinanderbringen. Dabei treiben sie es eigentlich nur zum Äußersten, um zu fragen: „Bin ich an die Grenze gekommen?"

In seinen frühen Teenagerjahren wirbelte Marc von einer sozialen Aktivität zur anderen. Es standen immer Leichtathletikturniere, Konzerte oder Unternehmungen mit Freunden auf seinem Programm. Wir hatten ständig Probleme mit seinem Tagesablauf. Eines Abends kam er, ohne vorher Bescheid zu sagen, eine Stunde zu spät nach Hause. Wir wussten, dass wir in unserem Ärger nicht gleich mit ihm reden sollten. Deshalb schickten wir ihn gleich ins Bett. Wir waren uns einig, dass wir seinem endlosen Programm ein paar Grenzen setzen mussten. Am nächsten Tag setzten wir uns mit ihm hin und trafen zusammen eine Abmachung. Wir machten einen Plan für die restlichen acht Wochen des Sommers. Wir erlaubten ihm jede Woche zwei lange Abende, an denen er bis elf Uhr wegbleiben durfte, und zwei kurze, an denen er um halb zehn zu Hause sein musste. Freunde konnten ihn jederzeit besuchen. Die späten Abende kennzeichnete er auf seinem Kalender mit „S", die frühen mit „F". Ihm gefiel, dass er sich die Abende aussuchen konnte, an denen er ausgehen wollte, und für den Rest des Sommers lief alles glatt. Wir schrieben unser Abkommen auf, damit keiner von uns vergaß, was wir verabredet hatten. Schließlich vereinbarten wir noch Konsequenzen für den Fall, dass er sich nicht daran hielt.

Eltern unterschätzen oft das Bedürfnis ihrer Kinder nach Grenzen und ihre Fähigkeit, sich in geregelten Strukturen wohlzufühlen. Das Fehlen von Grenzen führt bei Kindern zu Verhaltensweisen, die eigentlich nicht nötig wären.

Thema Nr. 2:
Unterstützung

Unterstützung ist bei allem erfolgreichen menschlichen Streben die geheime Zutat. Das gilt besonders für die Erziehung. Unterstützung ist dabei nicht nur ein Mittel, sondern eine wegweisende Philosophie. Sie ist ein Prinzip, das auf der Grundlage von menschlichen Beziehungen und Vertrauen aufbaut. Sie drückt eine Wertschätzung der Kooperation und der Kommunikation zwischen Menschen aus – zwischen Freunden und Nachbarn, zwischen Ehemann und Ehefrau und zwischen Eltern und ihren Kindern. Das Netzwerk der Unterstützung, das Sie aufbauen, wird Ihnen Ihre Rolle als Mutter oder Vater erleichtern und dazu beitragen, dass sie Ihnen noch mehr Freude bereitet. Und es wird Ihnen helfen, das bestmögliche Umfeld für Ihr Kind zu schaffen. Die Unterstützung eines Kindes durch seine Eltern kann viele Formen haben. Manchmal ist es eine Umarmung. Ein anderes Mal unterstützen Sie Ihr Kind, indem Sie für es eintreten und es verteidigen. Welche Form Ihre Unterstützung auch immer annimmt, die Botschaft, die Sie Ihrem Kind vermitteln, ist immer dieselbe: Ich liebe dich und werde immer für dich da sein.

11
Akzeptieren Sie Ihr Kind

Wenn Kinder mit Zustimmung leben,
lernen sie, mit sich selbst zu leben.
(Dorothy Law Nolte)

Manchmal denken Eltern nur daran, was sie sich selbst für ihre Kinder wünschen, und sie vergessen dabei zu fragen, was ihr Kind denkt. In ihrem Bestreben, ihre Kinder durchs Leben zu führen, können Eltern die Individualität ihres Kindes missachten.

Vor zehn Jahren legte ich meiner Tochter Meredith ein hübsches kariertes Trägerkleid, eine niedliche kleine Bluse mit einem breiten Kragen und weiße Söckchen aufs Bett und stellte ein Paar Schuhe dazu. Es war ihr erster Tag im Kindergarten, und ich hatte das „perfekte Outfit" dafür herausgesucht. Ich ging runter, legte einen Film in den Fotoapparat ein, setzte eine Kanne Kaffee auf und wartete. Das war einer jener Meilensteine, die ich auf Fotos festhalten wollte. Das letzte von meinen Kindern kam in den Kindergarten. Ich sah auf die Uhr und merkte, dass es schon fast an der Zeit war, loszufahren. Ich rief nach Meredith und sagte ihr, dass es Zeit war, sich für den Kindergarten fertig zu machen. „Ich bin schon angezogen", rief sie aus dem Wohnzimmer. Ich ging rüber, und da stand sie in einer pink- und lilagestreiften Bluse mit einer weißen Hose und weißen Sandalen. Da ich dachte, dass sie das Kleid, das ich für sie herausgelegt hatte, übersehen hätte, sagte ich ihr, sie solle nach oben gehen und die neuen Sachen anziehen. „Aber ich hab' mir schon rausgesucht, was ich anziehen will", rief sie. „Ich finde, du solltest an deinem ersten Tag das Kleid tragen", sagte ich in meinem besten mütterlichen Ton. Sie senkte den Kopf und sagte: „Aber Mom, ich mag Hosen anziehen." Das war ihr erster Tag im Kindergarten, und ich war schuld daran, dass sie sich schlecht fühlte. „Du hast recht", sagte ich, „die weiße Hose ist toll."

Ich sehe mir die Bilder an, die ich an jenem Tag gemacht habe. Meredith steht da und strahlt selbstbewusst zwischen all ihren Freundinnen in Röcken und Kleidern. Durch die Fehler, die ich machte, lernte ich, die Entscheidungen unserer Kinder zu akzeptieren. Und ich lernte, dass dies alles nichts mit richtig oder falsch, gut oder schlecht zu tun hat. Ich blicke zurück und sehe, wie schwer ich es Mitch gemacht habe, weil ich meinte, seine Haare seien zu lang. Mitch war ein selbstbewusster Schüler, den seine Lehrer und Freunde bewunderten, und ich nörgelte ständig wegen seiner langen Haare an ihm herum. Wenn Eltern damit konfrontiert werden, dass ihr Kind eine andere Meinung hat als sie selbst, ist es wichtig, dass sie Abstand gewinnen und sich fragen, worin das Problem eigentlich besteht. Ihre Kinder sind nicht Sie selbst, sie sind Individuen, und manchmal ist es notwendig, zu akzeptieren, dass sie andere Ansichten haben.

12
Treten Sie für Ihre Kinder ein

Zu Überzeugungen sollte man nur langsam gelangen,
aber wenn sie erst gefestigt sind, müssen sie gegen
die härtesten Widerstände verteidigt werden.
(Mahatma Gandhi)

Als Eltern haben wir die Verantwortung, unsere Kinder zu
unterstützen, indem wir ihnen helfen, wenn sie uns brauchen. Manchmal kommt es zu Situationen, in denen Kinder
nicht in der Lage sind, sich selbst zu verteidigen. Dann
brauchen sie die Unterstützung ihrer Eltern am meisten.

Wir sind mit vier einzigartigen Kindern mit vier sehr
verschiedenen Persönlichkeiten beschenkt worden. Mitchell, unser zweites Kind, nimmt sich gerne Zeit, um eine
Aufgabe zu bewältigen. Er denkt lange und intensiv nach,
bevor er irgendetwas anfängt. Diese Eigenschaft hatte er
immer schon, selbst als er noch ganz klein war.

Mitchell war sieben Jahre alt, als er am zweiten Schul-
tag nach Hause kam und erzählte, seine Lehrerin habe ihm
gesagt, er sei „faul". Er erklärte, dass er keine seiner Aufgaben fertigbekommen hatte, und seine Lehrerin denke, er
gebe sich keine Mühe. Mein Mann Mike ist immer für un-

sere Kinder eingetreten. Dieses Mal war keine Ausnahme. Am nächsten Morgen bat er um ein Gespräch mit der Lehrerin. Er sagte ihr, dass Mitch für seine Arbeiten manchmal länger brauche als andere Kinder, aber dass er immer hart arbeite und nicht faul sei. Er sagte, dass es Mitchs Art sei, sich viel Zeit für seine Aufgaben zu nehmen, aber dass er das absichtlich tue, um sicherzugehen, dass er es auch richtig mache. Sie kamen überein, dass es konstruktiver sei, mit Mitchell an Methoden zu arbeiten, mit deren Hilfe er seine Aufgaben in der dafür vorgesehenen Zeit beenden könne, als ihn faul zu nennen.

Es ist häufig notwendig, dass wir für unsere Kinder kämpfen. Lehrer und andere Menschen, die im Leben Ihres Kindes eine Rolle spielen, können Fehler machen, und manchmal ist die Umgebung Ihres Kindes wenig konstruktiv. Niemand mag Konfrontationen, aber wenn Sie sich für Ihr Kind einsetzen und das mit einem Sinn für Fairness und Respekt tun, dann führt dies fast immer zu einem positiven Ergebnis für Ihr Kind.

13
Geben Sie nicht auf

Um eine Lampe am Brennen zu halten,
müssen wir immer wieder Öl nachgießen.
(Mutter Teresa)

Die beste Art, Kindern etwas beizubringen, ist manchmal, es einfach immer weiter zu versuchen. Im Leben Ihrer Kinder wird es viele Probleme und Enttäuschungen geben. Das lässt sich nicht vermeiden, denn sie gehören zum Leben. Sie können diese Probleme jedoch als Herausforderung und Übung betrachten. Mit dieser Einstellung wirken sie weniger beängstigend, und Sie werden in Ihrem Durchhaltevermögen bestärkt.

Unser erstes Kind, Michael, war immer der große Redner. Er fing an zu sprechen, als er klein war, und seitdem hat er damit nicht mehr aufgehört. Als Kind konnte er abends nie genug Geschichten erzählt bekommen. Seine Liebe zu Geschichten half ihm, das Alphabet schnell zu lernen. Er war immer ganz glücklich, wenn er jemanden fand, dem er diese Fähigkeit demonstrieren konnte. Deshalb waren wir ziemlich erstaunt, als er sich am Ende der ersten Klasse noch immer damit abmühte, endlich lesen zu lernen. Jeden

Tag setzte ich mich mit ihm hin, um zu üben. Einmal die Woche ging ich mit ihm zur Bücherei, und wir nahmen ein neues Lesebuch mit nach Hause, aber es schien nichts zu nützen. Wir kamen Woche für Woche wieder, ohne mit dem letzten Buch einen Fortschritt erzielt zu haben.

An einem heißen Sommertag setzten wir uns wieder einmal ins Auto und fuhren wie die Wochen zuvor zur Stadtbibliothek. Als wir durch die Abteilung mit den Kinderbüchern gingen, fragte ich mich, ob diese ganze Anstrengung nicht nutzlos wäre. Dann hörte ich Michael hinter einem Regal rufen: „Mom, ich will dieses Buch mitnehmen!" Er hielt ein Buch aus einer Kinderbuchreihe in den Händen, auf die ich selbst nie gekommen wäre. Fragen Sie mich nicht warum, aber Michael liebte diese Geschichten. Und weil er sich für sie interessierte, versuchte er mit aller Kraft herauszufinden, was jedes Wort bedeutete. Das hat gewirkt. Er brachte sich selbst schnell das Lesen bei, während er ein Buch nach dem anderen aus dieser Reihe zu Ende las. Als der Sommer vorbei war und die Schule wieder losging, war er einer der besten Leser seiner Klasse. Ich frage mich manchmal, was passiert wäre, wenn wir nicht Woche für Woche in die Bibliothek gegangen wären. Würde Michael dann heute seinen Doktor in Englisch machen? Wenn Sie einer Herausforderung gegenüberstehen, ist es normalerweise am besten, es einfach immer weiter zu versuchen.

14
Nehmen Sie sich die Zeit

Ich muss die Uhr regieren, nicht sie mich.

(Golda Meir)

Niemand braucht uns daran zu erinnern, in was für einer schnelllebigen Zeit wir leben. Die freie Zeit scheint jedes Jahr immer mehr zusammenzuschrumpfen. Viele Eltern verbringen die Zeit, die sie für ihre Kinder freischlagen können, damit, von einem Ort zum anderen, von einem Ereignis zum nächsten zu hetzen. Das gilt besonders für viele Familien, in denen beide Elternteile berufstätig sind. Aber die Entwicklung von Kindern lässt sich nicht überstürzen. Den Anforderungen eines modernen Tagesablaufs zum Trotz geht es darum, sich die Zeit zu nehmen.

Unser drittes Kind, Marc, widersetzt sich dieser hektischen, modernen Einstellung. Alles, was er tut, tut er mit einer enormen Intensität und Hingabe. Er hat immer große Träume und ist schnell mit allen möglichen Projekten zugange, die eine Menge Zeit und Geduld erfordern. Deshalb holten wir immer erst einmal tief Luft, wenn er auf uns zukam, um uns um Unterstützung bei einem seiner Projekte zu bitten.

Als Marc in der dritten Klasse war, meinte er, er würde gerne seine eigene Schulzeitung gründen. Der Lehrer erlaubte es ihm, und er entwarf ein erstes Layout. Dann machte er sich daran, seinen Vater davon zu überzeugen, dass es doch eine tolle Sache wäre, das zusammen zu machen. Obwohl Mike gerade erst eine Praxis für Chirurgie eröffnet hatte, in der es viel zu tun gab, und er meinte, eigentlich keine Zeit zu haben, versprach er, ihm zu helfen. Marc machte weiter und bat Klassenkameraden um Beiträge. Mit Mikes Hilfe baute er Kästen, die in jedem Klassenzimmer aufgestellt wurden und in die Kinder ihre Beiträge einwerfen konnten. Am Ende jedes Monats waren die Kästen der „Eulenzeitung" mit Zeichnungen, Witzen und Geschichten seiner Klassenkameraden gefüllt. Marc leerte die Kästen, und am Samstag nahm Mike ihn mit in sein Büro, wo sie die Ausgabe zusammenstellten. Den ganzen Tag lang arbeiteten sie daran, schnitten aus, klebten auf und kopierten – und am Montagmorgen ging Marc mit fünfzig fertigen Exemplaren der Zeitung für seine Klassenkameraden in die Schule.

Über die Jahre gab es noch andere Projekte – Seifenkisten, Laternae magicae und Trickfilme –, bei denen wir es irgendwie geschafft haben, eine Menge Zeit abzuzweigen, um Marc in seinem ständigen Drang zu unterstützen, etwas zu lernen, zu erfinden und zu gestalten. Marc studiert heute, und wer weiß, wohin ihn all diese kreative Energie noch führen wird. Aber ich bin mir sicher, dass die erfolgreichen Menschen dieser Welt während ihrer Kindheit von ihren Eltern in ihren Projekten unterstützt und ermutigt wurden.

15
Haben Sie Verständnis

Derjenige, der verzeiht, beendet den Streit.
(Afrikanisches Sprichwort)

Ein Streit kann wegen völlig banaler Dinge ausbrechen: eine verlorene Fernbedienung, wer ist dran mit Abwaschen, oder wer ist beim Kartenspielen am Zug. Stehen die Anschuldigungen erst einmal im Raum, dann tun sich Menschen sehr schwer damit, sie zurückzunehmen. Das kann dazu führen, dass ein ganz belangloser Wortwechsel zu einem Problem wird, und schließlich fühlen sich alle Beteiligten schlecht. Es ist wichtig, dass sich Menschen dabei wohlfühlen, wenn sie sich für einen Fehler, den sie gemacht haben, oder für einen falschen Vorwurf entschuldigen. Wenn eine Familie schnell vergeben und vergessen kann, dann verschwinden solche belanglosen Streitereien einfach wieder.

Ich kann nicht mal genau erklären, wie ein bestimmter Spruch, der an einem Samstagabend im Fernsehen fiel, zu einem Teil unseres Familienlebens wurde. Aber er hat geholfen, Streitereien und Missverständnisse auf eine Art und Weise zu entschärfen, bei der jeder das Gesicht wahren konnte. Und bei uns geht das so:

Wir haben alle schon Situationen erlebt, in denen man darauf beharrt, dass man in irgendeiner Sache recht hat, und man glaubt, dass alle anderen sich gegen einen verschworen haben. Später findet man dann heraus, dass man unrecht hatte. Anstatt nun einen peinlichen Rückzieher zu machen und herumzugehen und sich unbeholfen und verlegen zu entschuldigen, sagen wir wie diese Fernsehfigur einfach: „Schon gut". Das heißt dann, dass es einem leidtut, jemanden zu Unrecht beschuldigt zu haben.

Einmal konnte Marc die Fernbedienung nicht finden. Er ging herum und fragte jeden in der Familie, wo er sie zuletzt hingelegt hatte. Nach langer, gründlicher Suche ging er zum Kühlschrank, um sich etwas zu trinken zu holen, und bemerkte, dass die Fernbedienung zwischen den Apfelsinen und der übrig gebliebenen Pasta lag. Das brachte sein Gedächtnis auf Trab, und peinlicherweise wurde ihm klar, dass er selbst sie dort versehentlich liegen gelassen hatte, als er sich beim Fernsehen eine Kleinigkeit zu essen geholt hatte. Niemand gibt sein Unrecht gerne zu, aber ein einfaches „Schon gut" sagte alles. Wir lachten alle, und die Unstimmigkeit war verschwunden. Indem man jemandem die Möglichkeit gibt, das Gesicht zu wahren, wenn er sich entschuldigt, kann man viel verletztes Ego vermeiden und die Probleme aufhalten, bevor sie richtig beginnen.

16
Seien Sie mitfühlend

Nie gab es ein wirklich großes und gütiges Herz,
das nicht auch liebevoll und mitfühlend war.
(Robert South)

Kinder haben so viel zu lernen, dass es erstaunlich ist, wie gut sie das die meiste Zeit hinbekommen. Für Eltern besteht die Herausforderung darin, die Basis für eine Geborgenheit vermittelnde, mitfühlende Beziehung zu ihrem Kind aufzubauen.

Es war ein langer Tag in unserer Kindergruppe. Eine Gruppe von Kindern aus der Stadt, die noch nicht in den Kindergarten gingen, erlebte an diesem Tag erstmals ein dem Kindergarten ähnliches Umfeld. Ich konnte kaum glauben, wie oft ich die Kinder dazu anhalten musste, ihre Hände am Körper zu halten, langsam zu gehen und niemanden zu stoßen.

Als die Kinder ihre Sachen zusammensuchten, hörte ich einen lauten dumpfen Aufschlag. Daniel und Jonas lagen beide am Boden, rieben sich die Köpfe und weinten. Sie hatten miteinander gerungen, das Gleichgewicht verloren und waren hingefallen. Das Letzte, wonach mir in diesem Augenblick der Sinn stand, war, sie mit einer Umarmung zu trösten, aber als Lehrerin hatte ich gelernt, dass man keinem Kind ein besseres Verhalten beibringen kann, wenn man wütend reagiert. Ich legte meine Arme um beide, während ich ihnen sagte, wie gefährlich ihr Verhalten war. Ich bat jeden, sich beim anderen zu entschuldigen, und wir redeten über die Folgen, falls das noch einmal passieren würde. Sie hörten mir zu, weil sie wussten, dass ich mich um sie sorgte und weil kein Ärger in meiner Stimme war. Ich war da, um ihnen zu helfen.

Natürlich gab es in diesem Sommer noch weitere Vorfälle. Aber während die Wochen vergingen, konnte ich beobachten, dass Daniel und Jonas immer mehr Verantwortung für ihr Verhalten übernahmen. Ich sah Fortschritt, nicht Perfektion.

Über die Jahre habe ich viele verschiedene Reaktionen von Eltern beobachtet, deren Kinder Fehler machen. Ein Vater tröstet beispielsweise sein Kind, das sich in die Hose gemacht hat. Das Kind kennt die Folgen dieses Malheurs. Es fühlt die kalte Nässe an den Beinen. Jemand anders reagiert in der gleichen Situation verärgert, schimpft oder schlägt sogar zu. Nachdem es bereits versagt hat, fühlt sich das Kind zusätzlich verletzt und gedemütigt.

Es ist so wichtig, eine mitfühlende Beziehung zu seinen Kindern aufzubauen, wenn sie noch klein sind! Ihre Geduld und Ihre Anleitung werden sich auch in der Teenagerzeit bezahlt machen. Denn die Kinder wissen dann, dass sie mit ihren Problemen zu Ihnen kommen können.

17
Zeigen Sie Ihre Liebe

Elterliche Liebe und Wertschätzung ist die Luft,
die das Kind atmet.

(Dorothy Briggs)

Obwohl die meisten Eltern verstehen, wie wichtig Liebe für die Entwicklung eines Kindes ist, ist es erstaunlich, wie wenig konkrete Zeichen von Liebe Eingang in unseren Alltag finden. Natürlich sind Kinder manchmal verunsichert, denn die Kindheit ist voller Veränderungen. Manche Kinder müssen die Schule wechseln oder in eine andere Stadt ziehen oder sich auf neue Freunde einstellen. Da die Kindheit so viele Veränderungen beinhalten kann, ist es wichtig, dass Kinder wissen, dass die Liebe ihrer Familie konstant bleibt.

Ein konkretes Zeichen von Liebe, das sich in unserer Familie eingebürgert hat, ist die „Dreier-Umarmung". Das fing an, als unser erstes Kind, Michael, noch klein war. Wenn er durcheinander und aufgeregt oder nur ein wenig traurig war und eine normale Umarmung nicht ausreichte, um ihn zu trösten, dann legten Mike und ich unsere Arme um ihn und sangen mit gedämpfter Stimme, „Drei umarmen sich". Michael machte bald mit, und der Sprechgesang schwoll an, bis wir alle lachen mussten. Als Mitch geboren war, wurde aus der Dreier- eine Vierer-Umarmung, und mit Marc wurde daraus eine Fünfer-Umarmung. Schließlich wurde mit der Geburt von Meredith eine Sechser-Umarmung daraus, und der Singsang und das Lachen waren noch lauter als vorher. Das ist reichlich blöde und dämlich, aber genau das bringt uns zum Lachen und lässt uns vergessen, worüber wir uns zuvor erregt haben. Noch wichtiger ist es jedoch, dass es eine Tradition ist, die dazu ermutigt, Unterstützung und Solidarität auszudrücken. Wenn Sie Ihren Kindern Ihre Liebe zeigen, dann lassen Sie sie damit wissen, dass Sie immer füreinander da sein werden, und das macht die Kindheit etwas leichter.

18
Suchen und pflegen Sie Freundschaften

Von all den Dingen, die die Weisheit uns
für ein vollkommen glückliches Leben gibt, ist der Besitz
von Freundschaft bei Weitem am größten.
(Epikur)

Eltern können ihre Kinder auf viele Arten unterstützen, aber es ist auch wichtig, dass sie Wege finden, um sich selbst zu unterstützen. Freundschaft ist einer der besten Wege, sich das Leben ein wenig leichter und schöner zu machen, wenn die Kinder noch klein sind. Eltern von Babys und kleinen Kindern profitieren von der Gesellschaft und Freundschaft von Erwachsenen, auf deren Unterstützung, Ratschläge und Hilfe sie sich während dieser anstrengenden Jahre verlassen können. Wenn man Freunde hat, mit denen man reden kann, wirken die Herausforderungen der Elternschaft weniger entmutigend, und man kann ihnen mit mehr Kraft begegnen.

Ich wüsste nicht, was ich ohne meine Freundin Marilyn Ornstein gemacht hätte. Ich mochte sie gleich, als wir uns vor über zwanzig Jahren auf einer Party kennenlernten. Sie war witzig, intelligent, interessant und hatte eine kleine Tochter, die Miriam hieß und ungefähr so alt wie unser Michael war. Unsere Freundschaft entwickelte sich mit den Jahren, in denen wir uns gegenseitig bei den Herausforderungen, die das Elterndasein so mit sich bringt, unterstützten. Marilyn und ihr Mann Peter hatten bald ihre zweite Tochter und Mike und ich Mitchell, unseren zweiten Sohn. Siebzehn Monate später kam unser drittes Kind, Marc. Drei lebhafte kleine Jungen aufzuziehen ist nicht leicht, aber während der fünf Jahre, die wir in derselben Stadt wohnten, wechselten Marilyn und ich uns beim Kinderhüten ab, und so machte das Ganze Spaß. Wenn Marilyn und Peter eine Pause brauchten, hüteten wir ihre zwei lieben Mädchen. Wenn Mike und ich einen Tag frei haben wollten, hatten Marilyn und Peter im Gegenzug das Vergnügen, auf drei wilde, energiegeladene Jungen aufzupassen. (Ein nicht ganz fairer Tausch.) Wir fingen zusammen neue Hobbys an, unterhielten uns über die Ereignisse in der Stadt und lösten die Probleme der Welt, während wir Schlachten im Sandkasten verhinderten. Die Unterstützung eines Freundes verändert alles, denn dadurch können beide, Eltern wie Kinder, die Kindheit als Vergnügen erfahren.

19
Haben Sie Geduld

Ein Fehler bedeutet, dass ein Kind Hilfe braucht,
keinen Tadel oder Spott dafür,
dass es etwas falsch gemacht hat.
(Mava Collins)

Unterstützung kann viele Formen annehmen. Oft wird Unterstützung als etwas verstanden, das man für seine Kinder tut. Aber Unterstützung ist auch eine Grundhaltung. Wenn Eltern Geduld mit ihren Kindern haben, ermöglichen sie ihnen, sich sicher zu fühlen, während sie heranwachsen, und schenken ihnen so eine schönere Kindheit.

Ich besaß genug Energie, Durchhaltevermögen und Einfallsreichtum, um vier lebhafte Kinder großzuziehen. Aber es gab auch Rückschläge. Für mich bestand die größte Herausforderung immer darin, geduldig zu sein.

Vor ein paar Jahren stellte ein Freund uns für die Ostertage sein Ferienhaus am Meer zur Verfügung. Ich wollte sichergehen, dass es ein lustiges Osterfest wurde, also hatte ich am Vorabend zwei Dutzend Eier und einen Malkasten besorgt. Am Morgen unserer Abreise legte ich die Eier zusammen mit den Farben in eine Tasche und platzierte sie hinten in unserem Wohnwagen oben auf dem Gepäck. Ein paar Stunden später setzten wir die Kinder ins Auto und machten uns auf den Weg. Die Fahrt war lang, und als wir schließlich ankamen, wollten wir alle schnell ins Haus. Als ich die Haustür öffnete, hörte ich wie Meredith rief: „Oh nein, Mama bringt mich um!" Ich rannte zum Wagen, wo Meredith neben einem Haufen zerbrochener Eier stand.

Anscheinend hatte sie es so eilig gehabt, ihr Gepäck herauszuziehen, dass sie die Tasche mit den Eiern dabei auf die Straße geworfen hatte. Normalerweise hätte ich sie angeschrien, sie hätte zurückgeschrien, und der ganze Tag wäre im Eimer gewesen. Aber in diesem Augenblick erinnerte ich mich daran, wie wichtig es für mich war, mehr Geduld zu entwickeln. Ich holte tief Luft, wartete ein paar Sekunden und sagte: „Mach dir nichts draus, ich weiß, dass du das nicht absichtlich gemacht hast. Lasst uns das Gepäck reinbringen, damit wir gleich an den Strand gehen können." Es ist so leicht, sich den Tag durch ein kleines Missgeschick zu verderben. Jeder macht hin und wieder einen Fehler, wenn er nicht aufpasst. Das gilt besonders für Kinder. Eltern können es ihren Kindern etwas leichter machen, indem sie eine geduldige Grundhaltung entwickeln.

20
Seien Sie aufmerksam

Wie kann man die Dimensionen eines großen,
geräumigen Hauses aus der Perspektive von jemandem
erfassen, der auf dem Boden sitzt?
(Hui-lin)

Wenn man Kinder großzieht, ist es wichtig, Augen und Ohren offen zu halten. Um Ihre Kinder durchs Leben zu führen, müssen Sie sich ständig ihrer Gefühle bewusst sein und diese Informationen nutzen, um aufkommende Probleme zu erkennen.

Als unsere Kinder klein waren, hatten wir an unserem damaligen Wohnort einen großen Freundeskreis und wurden oft zu Familienfesten eingeladen. An einem besonders hektischen Wochenende hatten wir vier verschiedene Einladungen, eine gleich nach der anderen. Am Freitagabend gab es ein Grillfest bei Freunden, am Samstagmorgen ein Frühstück mit Nachbarn, und am Samstagabend gingen wir zu einer Geburtstagsparty. Als der Sonntagnachmittag näher rückte, war dann die ganze Familie ein wenig müde, aber ich hatte eine Einladung zum Softballspielen bei einer anderen Nachbarsfamilie angenommen.

Mittags ging ich durchs Haus und guckte, ob alle fertig waren. Im Wohnzimmer fand ich Marc, der damals drei war, auf der Couch schlafend. Ich berührte ihn vorsichtig an der Schulter. Marc sah auf und sagte lammfromm: „Mom, ich will nicht gehen." Ich ignorierte seine Erschöpfung, zog ihn hoch und nahm ihn huckepack mit. Als ich ihn dort herunterließ, ging er langsam zu den Kindern unserer Freunde. Ich ging hinein, um Ellen dabei zu helfen, das Essen herauszubringen. Zwei Minuten später hörte ich unseren Freund dann aufschreien. Ich rannte raus, um zu sehen, was passiert war. Dan sprang mit dem Abdruck von Marcs Zähnen in seinem Bein herum. Anscheinend hatte Dan Marc den Schläger weggenommen, und Marc, erschöpft wie er war, hatte ihn daraufhin gebissen. Ich hätte mir bewusst sein müssen, dass Marc einfach zu erschöpft für ein weiteres soziales Ereignis war. Was er brauchte, war ein langer Mittagsschlaf. Man kann viele potenzielle Probleme vermeiden, wenn man sich der körperlichen und emotionalen Bedürfnisse seines Kindes bewusst ist.

Thema Nr. 3:
Beteiligung

Aktive Teilnahme ist der Katalysator, der alle menschlichen Entwicklungen vorantreibt. Das Prinzip der Beteiligung regt dazu an, neue Welten zu erkunden und neue Beziehungen zu entwickeln. Das gilt für Familie und Freunde gleichermaßen, für Eltern und Kinder, für jede Gemeinschaft und ihre Mitglieder. Es motiviert Eltern, sich die Zeit zu nehmen, etwas gemeinsam mit ihren Kindern zu planen und zu unternehmen, und es bewirkt, dass Kinder ihre Großeltern an ihrem Leben teilhaben lassen. Es ermutigt Eltern, an den Entwicklungen in ihrem Dorf oder in ihrer Stadt mitzuarbeiten. Umgekehrt regt es die Gemeinschaft dazu an, an der Entwicklung ihrer Kinder mitzuwirken. Kurz gesagt bestätigt das Prinzip der Beteiligung den Glauben, dass Erfahrung wichtig ist. Es ist wichtig, sich auf neue Ideen einzulassen, ob sie nun von der Lieblingstante oder von einem Lieblingsbuch kommen, denn dadurch können Eltern wie Kinder ihre Fähigkeiten entdecken und entfalten.

21
Verhalten Sie sich verantwortungsvoll

Über andere Menschen, das Wetter und viele Ereignisse im Leben hat man keine Kontrolle. Aber man kann kontrollieren, was man in der Gegenwart denkt und tut, um mit Situationen fertig zu werden.

(Eileen Shiff)

Weil Eltern eine so überaus wichtige Rolle in der Entwicklung ihrer Kinder spielen, tragen sie immer auch ein großes Maß an Verantwortung. Diese Verantwortung führt von Zeit zu Zeit dazu, dass sich Eltern zwischen ihren eigenen Plänen und den Bedürfnissen ihres Kindes entscheiden müssen. Wenn solche Konflikte aufkommen, ist es wichtig, Abstand zu gewinnen, sich zurückzunehmen und sich auf das Wichtigste zu konzentrieren: das Wohlergehen Ihres Kindes.

Als Mike und ich eines Abends gerade ins Theater gehen wollten, hörten wir Mitchell rufen: „Oh mein Gott, ich habe gerade meine Abschlussarbeit gelöscht!" Ich fand ihn mit dem Kopf auf der Tastatur des Computers. Er hatte eine Woche lang an dieser Arbeit geschrieben und gerade als er fertig war, hatte er sie aus Versehen gelöscht. Alles, was

übrig war, waren ein paar Seiten mit Notizen und seiner Erinnerung an das, was er geschrieben hatte. Es war Sonntagabend, und er musste die Arbeit am nächsten Tag abgeben.
Die Sache wurde dadurch noch verschlimmert, dass Mitch
gerade erst das Tippen lernte. Bei seinem langsamen Tempo
würde er die Arbeit niemals pünktlich fertigbekommen. Ich
schaute Mike an. Wir hatten die Karten für das Stück einen
Monat im Voraus gekauft. Er brauchte kein Wort zu sagen.
Wir gingen zur Garderobe und hängten unsere Mäntel wieder auf. An diesem Abend diktierte Mitch mir seine Arbeit,
während ich tippte. Während der nächsten vier Stunden
entstand seine Arbeit langsam aber sicher wieder von
Neuem. Wir druckten sie aus, hefteten sie zusammen und
legten sie auf den Küchentisch. Bevor wir ins Bett gingen,
drehte Mitch sich zu mir um und sagte: „Danke, Mom, ich
weiß, dass du das nicht zu tun brauchtest. Ich weiß nicht,
was ich ohne deine Hilfe gemacht hätte." Ihr Kind wird
Ihre Hilfe während seiner Entwicklung immer wieder brauchen. Wenn wir Pläne machen und unsere Kalender vollschreiben, ist es wichtig, daran zu denken, dass unsere Kinder wichtiger sind als irgendein Theaterstück oder ein
Abend mit Freunden. Wir sind nun einmal ihre Eltern, und
mit dieser Bezeichnung ist Verantwortung verbunden.

22
Schaffen Sie den richtigen Rahmen

Wir brauchen ein Umfeld, in dem Kinder
eine ganze Gruppe von Erwachsenen haben,
denen sie vertrauen können.

(Margaret Mead)

Eltern von kleinen Kindern fühlen sich oft hin- und herge-
rissen zwischen dem Wunsch, Zeit für ihre Freunde zu
haben, und dem Bedürfnis, Zeit mit ihren Kindern zu verbringen. Die zeitlichen Zwänge, denen Eltern heutzutage
unterliegen, sind enorm. Sie haben häufig das Gefühl, nicht
genug Zeit zu haben. Wenn sie ihre Zeit mit Freunden verbringen, dann belastet sie, dass sie nicht bei ihren Kindern
sind. Und wenn sie die Zeit mit ihren Kindern verbringen,
dann ärgern sie sich, dass sie keine Zeit für ihre Freunde
haben. Dieses schwierige Problem können Sie lösen, indem
Sie sich mit Freunden umgeben, die Kinder miteinbeziehen.

Es gibt nichts, was mich mehr für einen Erwachsenen
einnimmt, als ihn mit einem Kind spielen oder etwas Nettes
für ein Kind tun zu sehen. Deshalb war es für Mike und
mich leicht, uns mit Toni und Marie Van Dyke anzufreun-
den, als unsere Kinder noch klein waren. Toni und Marie

brachten es fertig, mit allen, die sie kennenlernten, eine vollkommen neue Familienszene zu gestalten. Es machte ihnen große Freude, sich für ihre Freunde und deren Kinder Sachen auszudenken, die man gemeinsam tun konnte. In der Woche vor Halloween veranstalteten sie immer ein großes Fest, bei dem Kürbisse ausgehöhlt und geschnitzt wurden. Im Frühling organisierten sie eine Wanderung zu einer Brücke, wo wir Frösche für den Froschweitsprung-Wettbewerb in unserem Landkreis fingen. Im Sommer gaben sie immer eine Pasta-Party, bei der alle die Nudeln selbst machten, und im Winter veranstalteten sie in den Ferien einen bunten Abend. Bei allem, was sie taten, vergewisserten sie sich, dass es den Kindern und den Erwachsenen Spaß machte. Durch ihre „kinderfreundlichen" Unternehmungen ließ die Spannung in der Zeitaufteilung zwischen unseren Freunden und unseren Kindern nach, weil unsere Kinder bei diesen Treffen dazugehörten. Jeder mit Kindern sollte Freunde wie Toni und Marie haben. Halten Sie nach ihnen Ausschau. Es gibt sie.

23
Bringen Sie sich in die Gemeinschaft ein

Es braucht ein ganzes Dorf, um ein Kind großzuziehen.
(Afrikanisches Sprichwort)

Eine unserer größten Herausforderungen besteht heutzutage darin, unserer inneren Stimme zu folgen, obwohl wir
zeitlich häufig bereits mehr als ausgelastet und unsere
Kräfte oft stark beansprucht sind.

Es war eine Woche vor Halloween, und mein Neffe
Matthew rannte in die Küche, um zu verkünden, dass er
endlich wisse, als was er sich an Halloween verkleiden
wollte. Meine Schwägerin Diana verbrachte die nächsten
Tage damit, ihm ein Kostüm zu nähen.

„Matt", sagte sie zu ihm. „Ich habe dein Kostüm jetzt
fertig. Vergiss nicht, deine Unicef-Sammel-Büchse aus der
Schule mitzunehmen."

„Aber meine Schule macht das dieses Jahr nicht", sagte
er. Diana war überrascht.

„Bist du sicher, Matt? Ich werde beim Direktor nachfra-
gen."

Der Direktor hatte niemanden finden können, der die

Sammel-Büchsen verteilte und dabei half, das Geld zu zählen. Deshalb hatten sie sich entschlossen, nicht teilzunehmen. Diana zögerte keine Sekunde. Sie bot sich freiwillig an, die Verantwortung für die Verteilung und das Einsammeln der Unicef-Sammel-Büchsen zu übernehmen. Das Programm war ihr wichtig. Sie wollte, dass ihre Kinder und die Kinder in der Nachbarschaft diese Gelegenheit, an andere zu denken, nicht versäumten.

Natürlich waren die nächsten 48 Stunden ziemlich hektisch, in denen sie ihre Freunde als Helfer einspannte, damit die Kinder die Sammel-Büchsen noch pünktlich bekamen. Sie musste viele Leute anrufen und abholen, um die Sammel-Büchsen zu verteilen; dann noch das Zählen und Sortieren all der Münzen! Alle halfen mit, und Matt staunte über die vielen Rollen von Münzen, die sie gesammelt hatten.

Dianas „Ich mach' das" entsprang ihrem mitfühlenden Herzen, nicht ihrem logischen Denken. Sie erinnerte uns daran, wie wir reagieren sollten, wenn wir sehen, dass wir gebraucht werden. Ich habe immer wieder gesehen, was Menschen an Gutem bewirken können und welche Bedeutung dies für das Leben anderer haben kann.

Unsere Kinder brauchen uns, um Möglichkeiten zu finden, ihre Rolle in der Gemeinschaft auszuüben – sie brauchen unser Beispiel, um ihre innere Stimme, ihr inneres Gespür für soziales Handeln auszubilden.

24
Bringen Sie die Generationen zusammen

Für die Kontinuität jeder Kultur
ist die lebendige Gegenwart von mindestens
drei Generationen notwendig.

(Margaret Mead)

Großeltern können viel zur Entwicklung eines Kindes beitragen. Die letzten Jahrzehnte waren leider von einer zuneh-
menden Isolierung der Generationen geprägt. Zu einer Zeit,
in der es immer mehr Single-Haushalte und immer mehr Familien gibt, in denen beide Elternteile arbeiten, ist die ältere
Generation eine ungenutzte Ressource geworden. Wir sollten sie nicht länger übersehen.

Großeltern sind unbezahlbar, wenn man eine helfende
Hand braucht, aber ihre Unterstützung nimmt auch weni-
ger auffällige, wichtigere Formen an. Einige der bleibenden
Erinnerungen, die meine Kinder an ihre Kindheit haben,
sind die Zeiten, die wir im Haus meiner Mutter verbracht
haben. Im Herbst kamen wir immer alle zu ihr, um das
Laub zusammenzukehren. Wir standen früh auf, um die
Blätter von den großen Ahornbäumen, die die Straße säum-

ten, zusammenzufegen. Alle halfen mit, bis hin zum kleinsten Kind. Ich habe noch immer Maria, die dreijährige Tochter meiner Schwester Priscilla, vor Augen, wie sie ein einsames Blatt mit ihrer kleinen Harke vor sich her schubste. Damit das Ganze richtig Spaß machte, gab es regelmäßige Pausen, in denen wir Kaffee und Apfelsaft tranken und Donuts aßen.

Während ihre Kinder und Enkelkinder das Laub rechten, bereitete meine Mutter ein leckeres Essen zu. Im Laufe des Tages liefen die Kinder oft ins Haus, um bei ihrer Großmutter vorbeizuschauen. Als wir am Ende eines solchen Wochenendes gerade die Einfahrt hinunterfuhren, sagte Mitchell zu mir: „Oma ist aber deliziös!" Wir lachten alle und fragten uns, wo er dieses Wort wohl aufgeschnappt hatte. Ich drehte mein Fenster herunter, um das Kompliment an meine Mutter weiterzugeben. Als wir auf die Straße bogen, zupfte Mitchell mich am Ärmel und flüsterte: „Mom, ich hab' gesagt, Oma ist aber religiös." Ich nehme an, meine Mutter hatte ihren Enkelkindern den ganzen Tag über Religionsunterricht erteilt.

Großeltern können bei der Entwicklung Ihres Kindes auf vielerlei Weise helfen. Am wichtigsten ist dabei aber, dass sie für eine kulturelle Kontinuität sorgen. Indem sie das Wissen, das sie schon an Sie weitergegeben haben, auch mit Ihren Kindern teilen, bringen sie die Generationen zusammen.

25
Seien Sie kreativ

*Kreativität, auch wenn es sich um einen reinen
Gefühlsgenuss handelt, will ein Publikum.
Produktivität ist definitionsgemäß ein sozialer Akt.*
(Lu Xun)

Kreativität bringt Menschen zusammen. Aktivitäten, die
Fantasie erfordern oder zu künstlerischem Ausdruck anre-
gen, sind eine erstklassige Gelegenheit, um sich bei der Entwicklung seines Kindes aktiv einzubringen und daran teilzunehmen.

Meine Schwester Penny gestaltet gern fantasievolle Sze-
nerien für die Familie und für Freunde. Vor ein paar Jahren
reisten Mike und ich an der Ostküste entlang. Wir beschlossen, bei Penny einen Zwischenstopp einzulegen, um Ge-
burtstagsgeschenke für unsere Zwillingsnichten Maggie
und Erin vorbeizubringen, die drei Wochen zuvor sechs
Jahre alt geworden waren. Als wir in die Einfahrt fuhren,
hörten wir die Kinder singen: „Wir sind auf dem Weg zum
Zauberer, dem Großen Zaub'rer von Oz." Die Stimmen
kamen aus der Garage. Wir stiegen aus dem Auto und gingen zum Garagenfenster. Ich sah meine Nichten und ein

paar Kinder aus der Nachbarschaft, die als Figuren aus dem Zauberer von Oz verkleidet waren. Meine Schwester hatte in der Mitte des Garagenbodens eine Straße aus gelben Steinen aufgemalt. Sie hatte eine Kiste grün angemalt und mit grün glänzendem Lametta bedeckt – ein schönes Bild für die Smaragdene Stadt. Als wir in die Garage kamen, bemerkten wir einen großen Regenbogen aus farbigem Seidenpapier an der Decke. „Was ist denn los?", fragte ich. Meine Schwester erklärte, dass sie den Zauberer von Oz gelesen und ihn daraufhin zum Motto der Geburtstagsparty gemacht hatten. Drei Wochen später hatten die Kinder immer noch ihren Spaß an dieser von Penny gestalteten Fantasiewelt.

Es muss allerdings nicht so aufwendig sein, wenn Sie zusammen mit Ihren Kindern der Kreativität freien Lauf lassen wollen. So nutzten wir die Tage im Winter, an denen die Kinder sich eine Erkältung eingefangen hatten, für kleinere Aktionen. Manchmal kochten wir zusammen Gerichte mit selbstgemachter Pasta, bei denen die Kinder die Zutaten mischten und den Teig durch die Presse drückten. An anderen Tagen spielten wir Spiele. Es gibt vieles, was man zusammen mit den Kindern machen kann. Dabei geht es vor allem darum, dass man sie dazu ermutigt, kreativ zu sein, und dass möglichst die ganze Familie dabei mitmacht.

26
Wirken Sie aktiv am Geschehen in der Schule mit

Ein Kind ohne ausreichende Schulbildung
ist ein verlorenes Kind.

(John F. Kennedy)

Als Eltern tragen wir Verantwortung. Wir beziehen diese Verantwortung häufig nur auf unsere eigenen Kinder. Aber je älter unsere Kinder werden, desto schwieriger wird es, ihre Situation von der der Gemeinschaft zu trennen, in der wir leben. Eine gesunde Gemeinde bringt gesunde Kinder hervor, und die wichtigste Institution in einer gesunden Gemeinde ist die Schule.

Als wir 1978 nach Greenfield in Massachusetts zogen, war dies ein Schulbezirk, dessen geringe finanzielle Mittel durch menschlichen Einsatz aufgewogen wurden. Ich machte bald bei einer Organisation von Freiwilligen mit, die sich an staatlichen Schulen engagierte. Die Eltern in dieser Gruppe organisierten Familienabende, Abende mit Lehrern, Lesekurse, sponserten naturwissenschaftliche Einrichtungen und eine Vielzahl von Aktivitäten, die die Bedingungen an den Schulen ergänzten und verbesserten. Es gab jährlich eine große Veranstaltung für Kinder mit allen möglichen Arten von Ständen und vielen verschiedenen Aktivitäten. Dorthin gingen wir selbstverständlich mit der ganzen Familie.

Durch ihr gemeinsames Engagement für die Gemeinde halfen die beteiligten Eltern ihren Kindern in einer Art und Weise, wie sie es als Einzelpersonen nicht hätten tun können. Kinder brauchen ein gesundes Gemeinwesen, und Gemeinden können ohne die Unterstützung von Eltern nicht gesund sein. Alle gewinnen dabei. Wenn man sich aktiv am Schulbetrieb beteiligt, lernt man die Lehrer und den Lehrplan kennen. Diese Unterstützung hilft den Lehrern, für ihre Schüler die besten Bedingungen zu schaffen. Das Beste daran: Wenn Sie auf diese Weise aktiv sind, können Sie sicher sein, dass Ihre Kinder in der gesunden Umgebung aufwachsen, die sie verdienen.

27
Bieten Sie eine Fundgrube

Die Welt
Für wen existiert sie?
Für die Kleinen
Aller Orte, Aller Zeiten ...
(Saul Tchernichovsky)

Von dem Moment an, in dem ein Baby das Licht der Welt erblickt, verlässt es sich darauf, dass seine Eltern eine glückliche und stimulierende Welt für es schaffen. Babys können sich keine interessanten Dinge ansehen, wenn sie nicht jemand für sie hinstellt oder hinlegt. Sie können nicht lernen, wie man zugreift, wenn man ihnen nicht etwas gibt, nach dem sie greifen können. Kinder kommen mit einer Vielzahl von Begabungen und potenziellen Fähigkeiten auf diese Welt, aber sie werden sie nie entdecken, wenn Eltern ihnen nicht durch eine Vielzahl von Materialien und immer wieder neuen Anregungen die Möglichkeit bieten, zu erforschen, zu gestalten und ihre Vorstellungskraft zu gebrauchen.

Vor Jahren ging ich einmal zu meiner Freundin Marilyn rüber, um ihr ein paar Kissen zu bringen, die sie sich ausleihen wollte, weil sie am Wochenende Besuch bekam. Ich rief nach ihr, erhielt aber keine Antwort. Also ließ ich die Kissen in der Küche. Als ich sie auf einen Stuhl legte, hörte ich Marilyn jammern: „Ich hab' keinen Platz für dieses Zeug." Ich steckte meinen Kopf durch die Badezimmertür im Erdgeschoss. Auf dem Boden lagen Papprollen, leere Kartons und Schachteln, die früher einmal Kosmetiktücher oder Haferflocken enthielten, und ein Haufen von altem Packpapier und Bändern. Marilyn benutzte die Duschkabine als Lager für Materialien, die ihre Kinder noch zum Basteln gebrauchen konnten. Ihr Mann Peter meinte, dass man für die Gäste am Wochenende ein zweites Bad brauchte. Ich lachte über Marilyns Dilemma, weil ihr Haushalt sich so sehr nach den Kindern richtete. Meine Kinder kamen immer gerne zu ihr, weil sie solch eine Fundgrube für ihre Projekte bot.

Ob Ihre Kinder nun vierzehn Monate oder vierzehn Jahre alt sind: Lernen geht am besten in einer Umgebung vonstatten, die viele Materialien bereitstellt. Diese Materialien können unterschiedliche Bastelmaterialien in verschiedenen Formen und Farben sein oder ein Anspitzer, der an einem robusten Schreibtisch mit einer guten Studierlampe festgeschraubt ist. Eine Fundgrube für seine Kinder zu bieten, heißt vorauszudenken und Maßnahmen zu treffen, um positive Lernbedingungen zu schaffen.

28
Fördern Sie das Lesen

Der beste Freund, den man haben kann,
ist Lesen und Schreiben.
(Hojo Soun)

Gerne denke ich an die Zeit zurück, als die Kinder noch klein waren und Mike ihnen Abenteuergeschichten vorlas. Jeden Abend kamen sie zu uns ins Bett, und Mike streckte sich, damit sie alle unter seinen Armen Platz fanden. Abend für Abend konnten sie es kaum erwarten zu erfahren, was in den Geschichten als Nächstes passierte.

Vor sechs Jahren schickten wir unseren ältesten Sohn Michael aufs College. Als wir all die Sachen packten, die er brauchen würde, drehte er sich zu mir um und fragte. „Mom, hast du noch alle diese Bücher, die du mir damals vorgelesen hast, wie zum Beispiel *Wo die wilden Kerle wohnen?*" Michael passte sehr auf, dass wir diese Bilderbücher nicht alle weggaben. Das waren die Bücher, die da waren, wenn er ins Bett gesteckt wurde – die Schätze seiner Kindheit. Jetzt, wo die Kinder älter sind, schenke ich ihnen manchmal eine neue Ausgabe eines Ihrer Lieblingsbücher als besondere Geburtstagsüberraschung.

Wäre es nicht wunderbar, wenn Kinder einen Tag ohne Bücher gar nicht kennen würden, wenn Babys aus der Klinik nach Hause kämen und als erstes Geschenk einen mit einer Schleife zusammengebundenen Stapel Bücher bekämen? So würden wir unseren Kindern die Gabe des Lesens wirklich auf einem silbernen Tablett servieren.

Vor Kurzem ging ich durch Marcs Zimmer und bemerkte all die faszinierenden Bücher in seinen Regalen. Ich dachte bei mir: „Er wird niemals einsam sein." Viele betrachten das Lesen als eine lästige Pflicht, dabei geht es wirklich nur darum, den eigenen Horizont zu erweitern, Gesellschaft zu finden, und darum, eine natürliche Neugier zu befriedigen.

29
Teilen Sie Ihre Werte

Wir haben kein Recht, unseren Kindern unsere
Werte aufzuzwingen, aber wir haben als Eltern die
Verantwortung, sie mit ihnen zu teilen.
(Thomas Lickona)

Eine sprichwörtliche Redensart besagt, dass „Zivilisation nur der langsame Prozess ist, in dem wir lernen, freundlich zu sein". Über viele Jahrhunderte hat sich der Fortschritt der Menschheit innerhalb von Familienstrukturen entwickelt, Eltern haben sorgfältig die Prinzipien festgelegt und sie durch ihre praktische Anwendung im Alltag an ihre Kinder weitergegeben.

Als unsere Kinder klein waren, hat Mike sich zu Weihnachten immer die Zeit genommen, entweder ein Zitat oder ein Thema herauszusuchen, das ihn an eine Stärke eines unserer Kinder erinnern sollte. Oder er suchte ein Beispiel für einen Wert, den er mit ihnen teilen wollte. Er ging zum Schreibwarenhändler und kaufte Kärtchen, die auf der Vorderseite leer waren. Dann tippte er sorgfältig eine Botschaft darauf und setzte sie in einen kleinen Rahmen. Schließlich stellte er sie an Heiligabend auf ihre Kommode. Das war sein Geschenk für unsere Kinder. Es war das erste Geschenk, das sie sahen, wenn sie am Weihnachtsmorgen aufwachten. Sogar Meredith erwachte am Weihnachtsmorgen mit einer kleinen Botschaft, als sie erst drei Jahre alt war: der Geschichte eines Rotkehlchens, das einem Tier im Wald half. Die Botschaft lautete: „Ein bisschen Freundlichkeit hilft viel."

Wenn unsere Kinder ihre Werte nicht von uns lernen, von wem lernen sie sie dann? Vom Fernsehen? Von Fremden? Von anderen Kindern? Unsere Kinder müssen sehen, dass wir unsere Überzeugungen auch leben, damit sich ihre Werte entwickeln können. Worte sind nicht genug. Unser Handeln gibt den Ausschlag – wie wir unsere Zeit verbringen und was für eine Art von Vorbild wir sind. Durch unser Handeln prägen wir die Werte, die unsere Kinder erben werden.

30
Arbeiten Sie zusammen

Was man gut kann, macht einem Spaß
(Pearl S. Buck)

Die Geschichte der Familie war immer auch eine Geschichte der Arbeit. Wie unzählige Generationen vor uns erwarten wir, dass die Mitglieder einer Familie sich zusammenschließen und so zusammenwirken, dass das Ganze größer ist als die Summe seiner Teile. Ob auf dem Land oder in der Stadt – diese Fähigkeit zusammenzukommen hat zum Erfolg der Familie viel beigetragen. Darüber hinaus wurde die Arbeit für ein gemeinsames Ziel zu einem wichtigen Faktor.

An einem langen, drückend heißen Tag lagen alle unsere Kinder, einschließlich unserer Schwiegertochter, auf dem Rasen. Sie hatten den ganzen Tag hart gearbeitet und unser Haus gestrichen und waren bei der Arbeit im Freien braun geworden. Ich konnte kaum glauben, dass sie nach einem so anstrengenden Tag noch immer zu Späßen aufgelegt waren. Unsere erwachsenen Kinder waren nach Hause gekommen, um uns beim Streichen zu helfen.

Ich erinnerte mich an diese Art von Familiensinn aus den Zeiten, als die Kinder noch klein waren. Im Herbst

wurde immer Brennholz für den Winter auf unserer Zu-
fahrtsstraße abgeladen. Die Kinder bildeten eine Reihe, und
wir reichten das Holz zum Letzten in der Reihe durch, der
es stapelte. Die Kinder stellten sich immer wieder neben den
Stapel, um zu sehen, ob sie noch größer waren als er. Es lag
immer ein Sinn für Teamwork, Kameradschaft und Leistung darin. Uns zu harter Arbeit zusammenzufinden und
die ganze Familie daran zu beteiligen, stärkte unsere Verbundenheit.

In der heutigen Welt treiben die meisten Kräfte die Menschen auseinander und begünstigen eher Individualität als
Teamarbeit. Manchmal muss man hart arbeiten, wenn man
die Familie durch Tätigkeiten und Erfahrungen zusammen-
bringen will. Wir hätten professionelle Maler engagieren
können, die die Arbeit in der Hälfte der Zeit verrichtet hätten. Aber dadurch, dass wir es zusammen machten, haben
wir Zeit miteinander verbracht und viele neue Erinnerungen gewonnen. Wenn ich heute nach Hause fahre, denke ich
jedes Mal daran, wie unsere Kinder das Haus gemeinsam
gestrichen haben. Gute Arbeit!

Thema Nr. 4:
Planung

Um das Beste aus den Jahren zu machen, in denen Sie Ihre Kinder großziehen, müssen Sie vorausdenken. Planung erfordert eine besondere Mischung aus Vision und Wachsamkeit. Man muss für viele verschiedene Möglichkeiten der Zukunft offen sein und sie dann in der Gegenwart durchdenken und verfolgen. Das Prinzip der Planung beginnt mit der Vorbereitung von Eltern auf die Geburt ihres ersten Kindes und setzt sich durch die Kindheit und die Pubertät hindurch fort. Es bringt Eltern dazu, die Vergangenheit in der Sammlung der Bilder, die ihr Kind gemalt hat, zu bewahren oder sich zu informieren, was das beste Umfeld für ein Kind in diesem Alter ist. Voraussetzung ist dabei, dass Eltern mit einer erfolgreichen Entwicklung rechnen. Wenn Eltern die Möglichkeiten schaffen, die ihre Kinder brauchen, um ihre Ziele zu erreichen, gehen sie von positiven Ergebnissen aus. Das Prinzip der Planung reicht jedoch über das hinaus, was Sie für Ihr Kind tun können. Wenn Sie die Fähigkeit Ihrer Kinder fördern, selbst zu planen, zeigen Sie ihnen, wie das geht. Und unabhängig sowie eigenverantwortlich planen zu können, ist eine Fähigkeit, die sie durch ihr ganzes Leben tragen wird.

31
Seien Sie vorbereitet

Sie müssen sich ihre eigene Welt schaffen.
Ich bin für meine verantwortlich.
(Louise Nelson)

Eltern beginnen schon vor der Geburt ihres Kindes, ihm einen möglichst guten Start in die Welt zu bereiten. Planen hilft dabei, Probleme im Voraus durchzuarbeiten. Das gibt Ihnen mehr freie Zeit, wenn das Kind geboren ist. Durch diese Vorbereitungen erlebt auch Ihr Kind ein gutes Umfeld. Sich selbst schenken Sie die Freude, eine Umgebung für Ihr Kind zu schaffen, ohne den Stress, sich gleichzeitig um Ihr Kind kümmern zu müssen.

In den ersten Jahren unserer Ehe lebten Mike und ich in Syracuse im Staat New York. Mike studierte Medizin, und ich unterrichtete eine erste Klasse. Zwei Monate nachdem wir geheiratet hatten, wurde ich schwanger. Wir hatten kaum Geld und lebten in einem kleinen Studentenappartement. Jener Winter war besonders hart. Es schien überhaupt nicht mehr aufzuhören zu schneien. Trotz dieser Bedingungen, und vielleicht gerade deswegen, beschlossen wir an einem Wochenende nach einem heftigen Schneesturm, uns auf unser erstes Kind vorzubereiten, indem wir die Wohnung neu gestalteten. Wir brachten unsere Freunde dazu, mit uns zu einem Holzlager zu gehen und ein großes Stück Sperrholz zu kaufen, um daraus Tiere für unser neues Kinderzimmer zu machen. Wir verbrachten das ganze Wochenende damit, Dutzende von Tieren zu zeichnen, auszusägen und anzumalen, um einen Raum in ein Kinderzimmer zu verwandeln. Wir hörten Musik und sangen, während wir das ganze Wochenende über an dem Zimmer arbeiteten.

Als wir mit der gemalten Landschaft an den Wänden fertig waren und die hölzernen Tiere daran befestigt hatten, nahmen wir eine alte Familienwiege, malten sie leuchtend gelb an und stellten sie in die Mitte unseres neuen Kinderzimmers. Was als Verantwortung begann, wurde zu einem unserer schönsten Wochenenden in jener Zeit. Während wir diese Umgebung gestalteten, hatten wir den Winterblues abgeschüttelt.

Kurz nachdem Michael geboren wurde, besuchte uns eine Krankenschwester vom Gesundheitsamt. Es war zu dieser Zeit die Regel, alle Babys und ihre Eltern zu besuchen, die in unserem Bezirk geboren wurden, weil es so eine arme Gegend war. Sie fragte, ob sie das Baby sehen könne und auch den Platz, wo es schlief. Wenn ich an diesem Tag nur eine Kamera gehabt hätte, um den erstaunten Ausdruck in ihrem Gesicht einzufangen, als ich die Tür zu Michaels

Zimmer öffnete und die leuchtenden Farben des von Leben erfüllten Dschungels freigab. Sie stand für ein paar Sekunden mit offenem Mund da und rief dann aus, das sei das Erstaunlichste, das sie je gesehen habe. Sie sagte, das sei sicherlich eine Heidenarbeit gewesen. Aber wenn ich an das Wochenende zurückdenke, das wir bei der gemeinsamen Arbeit verbrachten, erinnere ich mich nur an den Spaß, den wir dabei hatten.

Von dem ersten Augenblick an, als ich wusste, dass wir ein Baby erwarteten, hatte ich den Wunsch, eine eigene Welt für es zu schaffen. Als alles fertig war, brachte ich Michael jeden Abend ins Bett, indem ich auch den Tieren Gute Nacht sagte. Dadurch, dass wir vorausplanten, hatten wir eine schöne, lustige Umgebung für unser Baby geschaffen, und weil wir vorausplanten, wurde es für uns selbst zu einem Vergnügen.

32
Bewahren Sie die Vergangenheit

Was nicht aufgezeichnet wird, wird nicht erinnert.

(Benazir Bhutto)

In unserer Gesellschaft schenken wir der Vergangenheit häufig zu wenig Aufmerksamkeit und feiern sie zu selten. Das ist ein Problem, das nicht nur Geschichtsprofessoren etwas angeht. Die Vergangenheit sollte von Familien genauso bewahrt werden.

Vor ein paar Jahren veranstaltete meine Tochter Meredith eine Party für unsere Schwiegertochter Susanna, die damals mit unserem ältesten Sohn Michael verlobt war. Das war eine tolle Idee, denn so konnte sich die ganze Familie versammeln, um Susanna in der Familie zu begrüßen. Beide Großmütter waren da und eine Menge Tanten und Cousinen. Eines der letzten Geschenke, die Susanna auspackte, war ein wunderschönes, in Leder gebundenes Album, das Mikes Mutter in mühevoller Kleinarbeit zusammengestellt hatte. Das Album dokumentierte die Geschichte der Familie Magee in Bildern mit Erläuterungen dazu. Susannas Gesicht leuchtete auf, während sie es durchblätterte. Sie sagte solche Sachen wie: „Oh, es ist so schön, dass ich das habe" und

„Das ist wirklich ein Schatz. Ich werde es immer in Ehren halten". Schließlich kam sie auf der letzten Seite an. Da war ein Bild von ihr, das dem Familienstammbaum hinzugefügt worden war, und darunter stand: „Herzlich willkommen in unserer Familie. Alles Liebe, Oma Magee". Susanna brach in Tränen aus, und nachdem das Buch die Runde gemacht hatte, war kein Auge mehr trocken.

Eltern können die Vergangenheit auf vielerlei Weise bewahren. Als meine Kinder noch im Vorschulalter waren, nahm ich sie immer auf den Schoß, und wir sahen uns zusammen ihre Alben an. Alle paar Wochen fügten sie ein neues Foto oder eine Zeichnung hinzu. Über die Jahre haben sie ihre Alben immer weiter ergänzt und sie immer wieder gerne durchgesehen und die Vergangenheit wiederentdeckt. Wenn Sie die Vergangenheit bewahren, helfen Sie Ihren Kindern zu verstehen, woher sie kommen, und das hilft ihnen, zu verstehen, wohin sie gehen.

33
Pflegen Sie Gewohnheiten

Ordnung ist die Form, von der Schönheit abhängt.
(Pearl S. Buck)

Manche Leute halten feste Gewohnheiten für etwas Starres. Strenges und striktes Verhalten führt dazu, dass man sich unwohl fühlt. Doch gewohnheitsmäßige und vorhersehbare Abläufe geben ein gutes Gefühl. Manche halten Gewohnheiten für langweilig, und natürlich kann allzu viel Gewohnheit Spontaneität zerstören. Doch das richtige Maß an Gewohnheit kann Traditionen auf angenehme Weise verstärken.

Als wir eines Abends am Ende vom Abwasch angelangt waren, verkündete ich: „Es ist Zeit, Meredith ins Bett zu bringen." Marc, der damals sechs war, ging zu der einjährigen Meredith rüber und sagte: „Okay, Meredith, es ist jetzt Zeit, die Marsch-ins-Bett-Schuhe anzuziehen." Er bückte sich und tat so, als würde er die „Marsch-ins-Bett-Schuhe" anziehen. Das war ein Ritual, das Jahre zuvor entstanden war und das für unsere drei lebhaften kleinen Jungen den Übergang von der Spiel- zur Schlafenszeit bildete. Jeden Abend bogen sie schließlich ab, um den Marsch zum Bett zu führen. Wir improvisierten dabei ein Lied und machten einen Abgang in Richtung Bad, Geschichten und Bett.

Gewohnheiten sind erfolgreiche Muster, die es wert sind, dass man sie beibehält. Sie vermitteln Ihrem Kind einen guten Rahmen der Vorhersagbarkeit, der das Gefühl persönlicher Sicherheit verstärkt. Innerhalb dieser Wohlfühlzone haben unsere Kinder die Freiheit gefunden, sich Sachen auszudenken, zu entdecken und auszuprobieren.

34
Feiern Sie die Einzigartigkeit

Adler brauchen keine Krähen zu sein.
(Sitting Bull)

Alle Kinder wollen von der Gemeinschaft akzeptiert werden, aber ihr Bedürfnis nach Individualität ist mindestens genauso stark. Es ist so offensichtlich, wie komplex und vielschichtig menschliches Leben ist, sogar die kleinsten Kinder wissen, dass sie einzigartig sind. Jeder ist ein Individuum. Jeder nimmt sich selbst und die Welt um sich herum anders wahr. Zur elterlichen Verantwortung gehört es auch, die Einzigartigkeit eines Kindes anzuerkennen.

Das ist manchmal am einfachsten, indem man zum Anfang zurückgeht: an den Tag, an dem Ihr Kind geboren wurde. Geburtstage sind eine gute Gelegenheit, um sich auf das Individuelle zu konzentrieren – den Tag und den Zeitpunkt der Geburt, die Umstände, das Aussuchen des Namens und die Gefühle für Ihr Kind. Geburtstage waren bei uns zu Hause ein ganz wichtiger Tag. Meine Mutter hing immer ein großes Schild mit meinem Namen auf. Wir haben diese Tradition bei uns fortgesetzt und sind dabei noch einen Schritt weiter gegangen. Mit einer großen Rolle Pa-

pier machen wir ein 30 Zentimeter breites und 3 Meter langes Transparent. In großen Buchstaben schreiben wir
„HAPPY BIRTHDAY". Dann benutzt jeder einen Leucht-
stift, um aus den Buchstaben Figuren zu machen, aus deren
Mündern jeweils eine Sprechblase mit einem ganz beson-
dern Glückwunsch kommt. Danach wird das Transparent
an die Wand gehängt, und dort bleibt es für eine Woche.
Wir fingen damit an, als die Kinder klein waren, und die
Tradition ist nicht untergegangen. Es würde mich nicht
wundern, wenn dieses Geburtstagsbanner auch in die
nächste Generation übergehen wird. Wenn man die Einzigartigkeit feiert, bringt man zum Ausdruck: „Du bist etwas
ganz Besonderes."

35
Manchen Sie sich kundig

Elterliche Liebe ist so natürlich wie der Regen;
elterliche Fähigkeiten müssen unterrichtet werden.
(William Raspberry)

Als Eltern brauchen wir ebenso sehr Wissen wie Liebe und Hingabe. Wir müssen das nehmen, was wir bereits besitzen und was wir durch die Beobachtung von anderen erworben haben und es durch Gedanken und Gespräche stärken und stützen. Kinder sind kompliziert, und jedes Kind ist anders. Hinzu kommt noch, dass jedes Kind ein lebendiges, atmendes, sich entfaltendes Kunstwerk ist, das sich fortwährend entwickelt und verändert und dabei immer verstanden werden will.

Vor ein paar Jahren, als ich in unserer Buchhandlung die Regale mit Büchern zur Kindererziehung gründlich durchsah, fiel mein Blick auf den Titel eines Buches: *So ziehen Sie Ihr begabtes Kind auf.* Ich las den Untertitel: *Ein Ratgeber für Eltern, deren Kind besonders ernsthaft, einfühlsam, aufgeweckt, ausdauernd und energisch ist.* „Hmm, das hört sich nach meinem Marc an", sagte ich laut. Ich kaufte das Buch und war die nächste Woche über in Infor-

mationen vertieft, die meine Einstellung über Erziehung ver-
ändern sollten. Dieses Buch ließ mich Marc in einem ganz
anderen Licht sehen. Ja, alle diese Eigenschaften waren bei
ihm besonders stark ausgeprägt. Wenn ich darüber nach-
dachte, dann war er verantwortungsbewusster, einfühlsamer,
neugieriger und ganz bestimmt energischer als die meisten
Kinder. Mir fiel ein, dass unsere Söhne einmal zwei Dollar
bekommen hatten, um an einem Schulbasar teilzunehmen.
In einer Viertelstunde hatten die zwei Älteren ihr Geld
gegen allerlei Kostbarkeiten eingetauscht. Aber Marc war
nach fast zwei Stunden immer noch schwer beschäftigt. Er
suchte nach dem perfekten Kauf. Ich war am Ende meiner
Weisheit angelangt und lief die Gänge nach ihm ab. Als ich
ihn erspähte, merkte ich, dass ich langsam die Geduld ver-
lor. Aber als er auf mich zurannte, hielt er ein Päckchen in
die Höhe und schrie: „Mom, ich hab' dir ein Geschenk gekauft." Ich machte es auf. Es waren Ohrringe. Ich hatte an
diesem Tag Geburtstag, und er hatte sein ganzes Geld für
ein Geschenk für mich ausgegeben.

Die meisten von uns holen sich bei anderen Eltern und
bei Freunden Rat, bei Lehrern und bei Geschwistern. Aber
es gibt auch viele ausgezeichnete Bücher über Elternschaft
und Erziehung. Ich meine, dass jeder Erwachsene von der
Entwicklung eines Kindes profitieren kann, ob er nun selbst
Kinder hat oder nicht. Erwachsene, die Kinder betreuen,

werden lange geschult und brauchen Erfahrungen, bis sie soweit sind, mit Kindern zu spielen und sich um sie zu kümmern. Leuchtet es da nicht ein, dass auch Eltern von diesem Wissen profitieren könnten?

36
Blicken Sie voraus

Morgen ist jetzt.
(Eleanor Roosevelt)

Kinder sind so aktiv und immer ganz bei der Sache, sie sehen das Leben natürlicherweise im „Jetzt". Das erzeugt ein wunderbares Gefühl von Dynamik und Gegenwärtigkeit, das ein Teil der Freuden am Elternsein ist. Aber gleichzeitig wollen Eltern ihren Kindern beibringen, dass die Gegenwart mit der Zukunft verbunden ist und dass die Zukunft von morgen an die Handlungen von heute gebunden ist.

Als unsere Kinder noch jünger waren, ging ich im Frühling mit ihnen immer zu Knapps Haushaltswaren und ließ sie jeweils eine Tüte mit Gemüsesamen aussuchen. Sie trugen ihre Tüten dann vorsichtig nach Hause und legten die Samen stolz in die Erde. Sie sagten, sie würden sie „ins Bett bringen" und klopften liebevoll die Erde darüber glatt. In den darauffolgenden Wochen hackten und gruben und bewässerten und düngten wir so lange, bis eines der Kinder den allerersten Keim, das erste Ergebnis der Mühe entdeckte. Dann beobachteten wir die Pflanzen sorgfältig, um sicher zu sein, dass keine einzige von ihnen durch Unkraut oder Insekten vernichtet wurde. Um das Interesse der Kinder am Garten wachzuhalten, malten wir uns aus, wie groß die Kürbisse oder wie lang die Salatgurken werden würden, oder wie viele Tomaten wohl an einem Stock wachsen würden. Über die Jahre bemerkten die Kinder, dass wir nur dann große Körbe voller Gemüse zu essen hatten, wenn wir viel Zeit in den Garten investiert hatten. Die Jahre, in denen wir vergaßen, ihn zu bewässern, oder einfach zu faul waren, Unkraut zu jäten, ernteten wir hingegen sehr wenig Gemüse.

Wenn Kinder es lernen, vorauszuschauen, entwickeln sie Fähigkeiten, die ihnen helfen, ihre Zukunft in die Hand zu nehmen. Wenn sie die Verbindung zwischen heute und morgen begreifen, verstehen sie die Arbeit, die notwendig ist, um ihre Träume zu realisieren.

37
Den Erfolg planen

Legen Sie Ihr Herz, Ihren Geist, Ihren Verstand
und Ihre Seele selbst in die kleinste Geste.
Das ist das Geheimnis des Erfolges.
(Sivananda Sarasvati)

Vielen Eltern geht es vor allem darum, dass ihre Kinder die „Message" hören. Wenn die Worte „sitzen", vielleicht kommt dann auch der Erfolg. Aber das Gefühl eines Kindes für Selbstwert und Erfolg ist häufig das Ergebnis einer symbolischen Suche und von seinen Empfindungen, wenn es eine gute Idee erfolgreich in die Tat umsetzt.

An einem Samstagmorgen im August sah ich, wie Mike und Marc ein altes Pult aus Eichenholz aus einem Lieferwagen hievten. Es war an der Zeit, wieder an die Schule zu denken. Mike hatte Marc dabei geholfen, alles Notwendige für die Schule zu beschaffen, da kamen sie an einem Flohmarkt vorbei. Marc hatte das heruntergekommene Pult angestarrt und sagte: „Das, ich möchte dieses Pult für mein Zimmer haben." Es war alt und schmutzig, aber Marc mochte es wohl, weil es so groß war. Also handelte Mike einen Preis aus, und nun stand es auf unserem Rasen. Die nächsten Tage arbeiteten Mike und Marc daran, es zu reinigen, abzuschmirgeln und zu beizen, bis sie beide zufrieden waren. Wenige Tage vor Schulbeginn trugen sie es in Marcs Zimmer und kauften eine grüne Lampe für die Tischplatte. Ich glaube, während dieses Jahres schuf dieses Pult die Voraussetzung für Marcs Einstellung zum Lernen. Ich bemerkte, dass er gelegentlich mit der Hand über die Platte strich, um die glatte Maserung zu fühlen. Wenn er sich zum Lernen hinsetzte, lächelte er, und sein Lächeln kam von Herzen.

Wie wohl Ihr Kind sich in seiner Umgebung fühlt, wird durch kleine Dinge bestimmt. Halten Sie deshalb vom Tag der Geburt an nach Gelegenheiten Ausschau, um ein positives Verhalten zu bestärken.

38
Unterstützen Sie Zielsetzungen

Steile Berge zu besteigen,
erfordert zunächst einmal einen langsamen Schritt.
(William Shakespeare)

Das Leben ist voller Herausforderungen, kleinen und großen, und unsere Aufgabe ist es zu lernen, wie wir ihnen begegnen und sie überwinden können. Bei der Suche nach Problemlösungen lernen Kinder von Eltern und Lehrern, wie wichtig es ist, sich Ziele zu setzen.

Für Pädagogen gibt es Kinder, die sie nie vergessen. Ein solches Kind war ein kleines Mädchen namens Patty. Ich unterrichtete sie in der ersten Klasse, und sie hörte nie auf, mich zu inspirieren. Der Lernstoff der ersten Klasse fiel Patty nicht leicht. Vor 28 Jahren sollte meine Klasse ein Lesebuch lesen, das einen völlig intakten Haushalt in einem hübschen Haus mit einem weißen Palisadenzaun beschrieb. Ich glaube, es bereitete ihr Schwierigkeiten, einen Bezug zu diesem Stoff zu finden, denn sie kam aus einer der damals wenigen Familien in unserer Schule mit einem alleinerziehenden Elternteil. Ihre Familie hatte tagtäglich damit zu kämpfen, über die Runden zu kommen. Zum Teil lag es auch an den Aufgabenstellungen, dass sie sich mit den Geschichten schwertat. Patty legte jeden Tag ihre ganze Energie, Entschlossenheit und Aufmerksamkeit in ihre Arbeit.

Eines Tages redete ich mit ihr und sagte ihr, wie stolz ich auf sie war. „Aber Mrs. Magee", sagte sie, „ich brauche viel länger als alle anderen, und ich mache nie alles richtig."

„Patty", antwortete ich, „du hast die geheimen Zutaten, um all deine Träume wahr werden zu lassen, weil du so hart arbeitest. Du arbeitest immer mit, und du gibst niemals auf. Ich bin mir sicher, aus dir wird genau das, was du werden willst."

Jahre später begegnete ich zufällig ihrer Mutter in einem Kaufhaus, und natürlich fragte ich nach Patty. „Mrs. Magee, können Sie sich das vorstellen? Sie steht auf der Ehrenliste ihrer Highschool." Ich antwortete: „Oh ja, das kann ich mir vorstellen."

Wenn Eltern ihr Kind dabei unterstützen, sich ein Ziel zu setzen, bauen sie behutsam die Erwartung auf, dass der Erfolg sich einstellen wird. Vor allem drückt dieses Vorgehen jedoch ihr Vertrauen in die Fähigkeiten ihres Kindes aus.

39
Treffen Sie Vorbereitungen fürs Lernen

Lernen ist keine Glücksache.
Man muss es eifrig und fleißig betreiben.
(Abigail Adams)

Eltern haben immer einen großen Einfluss auf die Umgebung, in der ihre Kinder leben und lernen. Sie beeinflussen die Lernbereitschaft ihres Kindes auch dadurch, wofür sie Geld ausgeben, welche Materialien sie heranziehen und durch die Zeit, die sie sich für den Austausch mit ihrem Kind nehmen.

Unsere erste Wohnung in Syracuse richteten wir mit Möbeln von der Heilsarmee ein. Die Möbel waren bei einem Brand beschädigt worden. Die Stühle in unserem Esszimmer kosteten je einen Dollar, und wir fanden, dass all die Möbel, die wir gekauft hatten, durch die Brandspuren richtig antik aussahen. Angesichts einer so anspruchslosen Einstellung unserer Einrichtung gegenüber waren unsere Freunde ziemlich überrascht, als ich für Michael einen großen Kasten mit Holzklötzen bestellte, der 57 Dollar kostete. Während seiner ersten Lebensjahre drehte sich alles Lernen und alles Kreative bei uns zu Hause um diese Klötze. An regnerischen Samstagen wurden sie herausgeholt, und Mitch, Marc und Mike verbrachten Stunden damit, Autobahnen, Schlösser oder was auch immer zu bauen.

Im Leben geht es immer darum, Prioritäten zu setzen. Wenn Sie das Lernen und die kreativen Erfahrungen zu einer frühen und wichtigen Priorität in der Familie machen, gehen Sie sicher, dass Ihr Kind rundum gut aufwächst. Gleichzeitig geben Sie Ihrem Kind eine „Philosophie des Lernens" mit auf seinen Weg.

40
Fördern Sie Selbständigkeit

*Niemand kann seine Sicherheit von der Großmütigkeit
eines anderen Menschen abhängig machen.*
(Willa Cather)

Loslassen ist Eltern nicht gerade von Natur aus gegeben.
Weil es bei so vielem, was wir für unsere Kinder tun, darum
geht, sie zu schützen und zu unterstützen, vergessen wir
leicht, wie wichtig es für Kinder ist, eigenständig zu handeln. Unabhängigkeit ist eines der wichtigsten Dinge, die
Sie Ihrem Kind schenken können.

„Mom, kann ich elf Dollar für den Eignungstest
haben?", rief Meredith mir eines Tages aus dem oberen
Stock zu. Ich dachte, dass sie vielleicht nicht wusste, dass
man diesen Test erst während des ersten Jahres im College
machte. „Meredith, du brauchst ihn erst nächstes Jahr zu
machen", sagte ich. „Ich weiß, ich will es dieses Jahr nur
schon einmal ausprobieren, um zu sehen, wie ich dabei ab-
schneide."

Diese selbständige Haltung hatte schon vor langer Zeit
Wurzeln geschlagen, als ich lernte, mich zurückzunehmen,
und Meredith erlaubte, ihre Sachen selbst in die Hände zu

nehmen und die Dinge so zu tun, wie sie es wollte. Als sie klein war, richteten wir ihr Zimmer so ein, dass die Haken niedrig genug waren, damit sie ihre Kleidung selbst aufhängen konnte. Als sie älter war, kauften wir eine Pinnwand, an die sie Merkzettel heftete, und wir ließen sie auch die Folgen für solche Dinge wie vergessene Hausaufgaben selbst tragen.

Wenn man Unabhängigkeit fördern will, muss man bei Kindern, die verschieden sind, auch unterschiedlich vorgehen. Natürlich sind manche eher bereit, Verantwortung zu akzeptieren, als andere. Aber wenn man Selbständigkeit erwartet und so persönliches Wachstum unterstützt und individuellen Erfolg verstärkt, legt man eine gute Basis für die zukünftige Unabhängigkeit.

Thema Nr. 5:
Vergnügen

Am allerwichtigsten ist es, daran zu denken, dass Eltern-sein Vergnügen macht: die „Freuden der Elternschaft". Das heißt nicht, dass man alle Probleme vermeiden kann. Das Leben mit Kindern wird immer Höhen und Tiefen haben. Aber das Prinzip der Freude veranlasst Eltern, Situationen, in denen sie sich überhaupt nicht an ihren Kindern freuen können, neu zu sehen. Freude bewirkt, dass Sie gerne miteinander feiern und sich Abenteuer nicht entgehen lassen. Wenn es Ihnen Freude macht, Ihre Kinder aufzuziehen, vermitteln Sie eine positive Einstellung zum Leben. Das kann ganz verschieden aussehen. So können Sie sich unter der Woche mehr Zeit fürs Spielen nehmen, oder Sie veranstalten an einem schönen Sommertag spontan ein Picknick. Letztlich erinnert uns das Prinzip der Freude daran, was für eine wichtige Rolle Humor im Alltag spielt. Freude und Spaß bringen alle in der Familie einander näher, denn sie vertiefen die Beziehung untereinander und schaffen gemeinsame Erlebnisse, an die alle Familienmitglieder gerne denken.

41
Haben Sie Spaß

Sie vermitteln Ihrem Kind den Wert von Spaß,
wenn Sie eine positive Einstellung zum Leben haben.
(Eileen Shiff)

Oft sind die Aktionen, die Eltern planen, um etwas zusammen mit ihren Kindern zu unternehmen, mehr mit Arbeit als mit Spaß verbunden. Wenn Ihnen eine Aktion zu einer lästigen Pflicht geworden ist, schauen Sie schnell zu Ihrem Kind rüber. Dann finden Sie garantiert die richtige Einstellung wieder. Denn wenn in einer Unternehmung ein Abenteuer steckt, dann entdecken Kinder es bestimmt.

Gibt es eine wärmere, fröhlichere Aktivität, als mit Ihrem Kind Plätzchen zu backen? An einem kalten Herbsttag meinte ich, es könne doch Spaß machen, ein Blech Schokoladenkekse zu backen. Ich versammelte meine drei kleinen Jungen um den Küchentisch, und nachdem wir die Zutaten zusammenhatten, wechselten wir uns beim Abmessen und beim Umrühren ab. Die Kinder gingen rasch zu Werke und sprangen dabei ausgelassen von einem Bein aufs andere. Bald hatten sie die meisten der Schokoladensplitter, die wir in den Teig rühren mussten, aufgegessen, und ein paar Eier waren auf dem Boden gelandet. Ich versuchte vergeblich, das Geschehen zusammenzuhalten. Nach rechts und links gab es Befehle: „Hör auf damit! Leg das hin! Nimm die Hände da weg!" Je mehr ich schrie, desto größer wurde das Chaos. Schließlich tippte Mitchell mir auf die Schulter und fragte: „Mom, warum machen wir das eigentlich, wenn es keinen Spaß macht?"

Ich hatte aus den Augen verloren, warum ich eigentlich mit meinen Kindern Schokoladenkekse backen wollte. Es ging nicht darum, eine Operation erfolgreich durchzuführen, es ging darum, Zeit miteinander zu verbringen. Von diesem Tag an behielt ich, wann immer ich etwas mit meinen Kindern unternahm, die alte Erziehungsregel im Hinterkopf: „Prozess, nicht Produkt". Der Spaß liegt im Tun selbst. Wenn wir uns später daranmachten, einen Haufen Kekse zu backen, hatten wir nie mehr als fünf oder sechs davon im Ofen. Dafür hatten wir eine tolle Zeit, während wir den Teig schleckten oder ein Saubermachlied sangen, nachdem wir ein großes Chaos veranstaltet hatten. Und wir nahmen uns eine Menge Zeit, um die Aktion zusammen zu genießen.

42
Seien Sie abenteuerlustig

Wir leben in einer wunderbaren Welt
voller Schönheit, Zauber und Abenteuer.
Wir können unendlich viele Abenteuer erleben,
wenn wir sie nur mit offenen Augen suchen.
(Jawaharlal Nehru)

Eltern meinen oft, dass sie etwas Besonderes tun und extra irgendwohin fahren müssen, damit das Lernen für die Kinder spannend ist. Aber tatsächlich kann jede Umgebung für ein Kind ein Abenteuer sein, und der beste Ort, das auszuprobieren, ist die eigene Nachbarschaft.

Michael war damals zwei Jahre alt, und der Tag mit ihm begann wie immer. Als ihm die üblichen Beschäftigungen langweilig wurden, beschloss ich, zur Abwechslung einfach mit ihm in der Nachbarschaft herumzuspazieren. Als wir um die Ecke unseres Wohnblocks bogen, bemerkte ich neben einem leeren Platz riesige Geräte und Maschinen und eine Menge Leute mit Schutzhelmen. Michael wurde bei diesem Anblick so aufgeregt, dass ich anhielt und die Bauarbeiter fragte, ob sie uns sagen könnten, wie die Maschinen hießen. Michael stand mit großen Augen da und war ganz still, während sie jedes Teil benannten: Kran, Kipplaster, Spitzhacken, Presslufthammer und Zementlaster. Wir verbrachten die nächste halbe Stunde damit, Werkzeuge und Maschinen in Aktion zu sehen. Wir schauten zu, wie die Arbeiter Teile der Straße aushoben und dann die große Betonmischmaschine in Aktion trat. Für Michael, dessen Lieblingsspielzeuge seine Lastwagen waren, wurde ein Traum wahr.

Nachdem wir den Bauarbeiten über zwanzig Minuten zugesehen hatten, gingen wir zur Bibliothek und fanden ein paar tolle Bilderbücher über Lastwagen. Michael zeigte eifrig auf die, die er gesehen hatte. Wir setzten unseren Weg um ein paar weitere Wohnblöcke fort und kamen zu einem Bauernmarkt. Wir gingen an den Ständen entlang und nannten alle Früchte und Gemüse bei ihrem Namen. Dabei fragten wir die Bauern nach den Namen von Früchten, die wir nicht kannten, und kauften für uns beide je einen Apfel. Als Nächstes gingen wir zum Park. Als wir dort ankamen, lief Michael schnell zu der großen Rutsche. Als er hinaufkletterte, bemerkte ich, dass am Ende der Rutsche eine große Schlammpfütze war. „Michael", rief ich, „rutsch da nicht runter." Er hatte zu viel Spaß, um meine Bitte zu hören, trat auf die Rutsche und flog direkt in die Pfütze. Für eine Weile blieb er im Matsch sitzen und manschte mit seinen Fingern und Zehen in dem schlammigen Wasser herum.

Dann sah er auf und sagte vergnügt: „Das mach' ich noch mal!" Er war bereits völlig verdreckt, also dachte ich – was soll's. Rauf und wieder runter ging's und mit einem Platsch hinein in die Schlammpfütze. Nach einer Viertelstunde konnte ich nur noch das Weiße in seinen Augen sehen. Ich hob ihn auf, und zurück ging's zu unserer Wohnung. Nach einem schönen heißen Bad und ein paar Geschichten über Lastwagen steckte ich ihn für ein Nickerchen ins Bett. Wer hätte gedacht, dass wir im Umkreis von ein paar Häuserblocks so einen abenteuerlichen Tag haben würden.

43
Beobachten Sie

Alle großen Freuden im Leben sind stille Freuden.
(George Clemenceau)

Kinder großzuziehen ist oft eine Wahnsinnsarbeit. Es ist trotzdem ganz einfach, sich über seine Kinder zu freuen. Man muss nur innehalten, einfach beobachten und sich daran erfreuen.

Vor ein paar Jahren waren wir im Sommer zur Hochzeit eines Neffen eingeladen, die in Cape Cod stattfinden sollte. Ich schlug Mike vor, wir sollten doch versuchen, das Häuschen zu finden, das wir für unseren allerersten Familienurlaub gemietet hatten. Am Nachmittag stiegen wir ins Auto und fuhren über vertraute Straßen zu der Bucht. Als wir uns dem Häuschen näherten, kehrte die Erinnerung an diesen ersten Urlaub zurück, und ich wurde mit einem Schlag von meinen Gefühlen überwältigt. Bei jenem Urlaub konnte ich zum ersten Mal die Strapazen meines normalen Tagesablaufs hinter mir lassen und Michael einfach nur beim Spielen zusehen.

Bei Ebbe rannte er von einer Wasserpfütze zur nächsten und sammelte mit strahlendem Gesicht Krebse auf. Ich ging ihm nach, wenn er nahe am Wasser herumlief, wobei er manchmal anhielt, um eine Pfütze zu erforschen oder einen kleinen Krebs, der von den Wellen angespült worden war. Wenn die Sonne unterging, sammelte Michael mit seiner kleinen Schaufel und seinem Eimer Sand, und dann bauten Mike und er zusammen eine Sandburg. Später sahen wir zu, wie die Wellen über die Türme hereinbrachen, die sie errichtet hatten.

Als Mike und ich zwanzig Jahre später an jenem Strand entlanggingen, war ich darüber erstaunt, welche Freude mir noch die Erinnerung daran machte. Zu beobachten ist so einfach, aber es ist eine der größten Freuden der Elternschaft.

44
Feiern Sie

Seien Sie fröhlich.
Das ist eine Art, weise zu sein.
(Colette)

Feste gehörten immer zu meinen größten Freuden. Sie basieren auf einem relativ einfachen Konzept: Organisieren Sie eine Zusammenkunft unter einem besonderen Thema, dekorieren sie, bringen Sie ein paar Leute zusammen, und dann haben Sie einfach Spaß. In dieser schnelllebigen Welt brauchen wir manchmal eine Entschuldigung dafür, uns freizunehmen und die Gesellschaft von anderen zu genießen. Genau dazu sind Feste da.

Vor ein paar Jahren rief ich Ende Oktober meine Mutter an, um ihr zu sagen, dass wir auf dem Rückweg von unserer Reise nach Neuengland bei ihr hereinschauen wollten. Sie bestand darauf, dass wir zur Zeit des Abendessens kommen sollten. Ich willigte ein, und um sechs Uhr abends hielten Mike und ich mit einer Wagenladung von Kindern. Als wir ins Haus gingen, staunten wir über eine unglaubliche Menge an Dekorationen. Im Esszimmer zogen sich schwarze und orangefarbene Luftschlangen kreuz und quer an der Decke entlang, und an jedem Stuhl waren Papierlaternen angebracht. Meine Mutter hatte eine Halloweenfeier vorbereitet. Sie hatte etwas Besonderes gekocht, und nach dem Essen machten wir die Lampen aus und erzählten Geistergeschichten. Es war ein richtiges Fest, und wir hatten alle unseren Spaß. Auf der Fahrt nach Hause dachte ich bei mir: „Wie kommt es, dass meine 76-jährige Mutter noch immer die Energie und die Belastungsfähigkeit hat, um aus jedem Besuch ein besonderes Ereignis zu machen?" Und dann wurde mir klar, dass sie sie eben daraus zieht. Feste verjüngen sie und bewirken, dass sie sich lebendig fühlt.

Meine Mutter ist und war immer für Späße und Vergnügungen zu haben. Sie ist lebenslustig und liebt es, jedes kleine Ereignis im Leben zu feiern. Ich glaube, das ist eines der größten Geschenke, die sie ihren Kindern gemacht hat. Wenn man ihre Geschichte kennt, wird diese Eigenschaft umso bemerkenswerter. Als ich zehn Jahre alt war, starb mein Vater und ließ meine Mutter im Alter von 40 Jahren mit zehn Kindern im Alter von eins bis fünfzehn zurück. Wir hatten sehr wenig Geld, aber ich fühlte mich trotzdem nie benachteiligt und unglücklich. Wie sollte ich? Bei uns wurde immer irgendetwas gefeiert. Unser Leben war damit ausgefüllt, dass wir regelmäßig feierten. Erstkommunion bedeutete weiße Papierschlangen und einen Tisch, an dem jeder Platz mit einer Grapefruit mit einer Kirsche obenauf gedeckt war. Für Geburtstage machten wir die schon erwähnten großen Schilder, und am Tag des irischen Heiligen Patrick schmückten wir das Haus grün, und meine Mutter tischte Corned Beef und Kohl auf.

Weil ich mit solchen Erfahrungen aufgewachsen bin, überraschte es mich nicht, als Meredith mit zehn Jahren ihren Wecker am Valentinstag auf 5.30 Uhr stellte. In den nächsten zwei Stunden war sie damit beschäftigt, die Küche mit Papierherzen zu schmücken und herzförmige Pfannkuchen zu backen.

Ich denke, es braucht viel Einsatz und Energie, um ein glückliches Zuhause zu schaffen. Feiern bieten ganz konkrete Anlässe, sich gemeinsam zu freuen.

45
Nehmen Sie sich Zeit,
um sich zusammen zu entspannen

Ihre Kinder brauchen Ihre Anwesenheit
mehr als Geschenke.

(Jesse Jackson)

Es gibt Leute, die glauben, Freizeit sei vergeudete Zeit. Für das Familienleben ist es aber wichtiger denn je, dass man sich Zeit nimmt, um die Gesellschaft der anderen zu genießen, um sich zu entspannen und die Anforderungen und Probleme des Arbeitslebens hinter sich zu lassen. Neulich waren wir bei einem Ehemaligentreffen meiner Klasse und schwelgten in Erinnerungen an die „guten alten Zeiten", als wir zur Schule gingen und gerade erst am Anfang standen. Unsere Freunde erzählten, dass sie heute noch immer genau wie damals mit einer Gruppe von Freunden zu einem alten Haus am See fahren, obwohl sie sich einen anspruchsvolleren Urlaub leisten könnten. Ihre Kinder schlafen noch immer auf dem Boden, sie helfen mit und machen Frühstück, gehen wandern und angeln.

Zu einer Zeit, als ihr Leben hart und dürftig war, schafften sie es irgendwie, etwas Geld zusammenzukratzen und mit ihren Kindern Urlaub zu machen. Es gelang ihnen, bleibende glückliche Erinnerungen zu schaffen, die ihre Kinder auch heute noch einmal durchleben wollen.

Das Pendel steht niemals still. Es wächst das Gefühl, dass wir mittlerweile stärker an unserer Freizeit arbeiten müssten als an unserer Arbeit, mehr an der Freude und weniger am Erfolg, mehr am Geben und weniger am Bekommen. Wenn wir uns allerdings an den Bedürfnissen unserer Kinder orientieren, kommen wir nicht so schnell vom Weg ab.

46
Unterstützen Sie Interessen

Ein weiser Vater ist der, der sein eigenes Kind kennt.
(William Shakespeare)

Kinder haben zwar viel gemeinsam. Doch es ist wichtig, daran zu denken, dass jedes Kind ein einzigartiges menschliches Wesen mit eigenen Hoffnungen, Träumen und Interessen ist. Sie können diese Einzigartigkeit unterstützen, indem Sie die Tätigkeiten fördern, für die Ihr Kind Interesse zeigt.

Als wir einmal Mikes Bruder Chris und dessen Frau Christine besuchten, hörte ich den Wecker meines Neffen Max gegen sechs Uhr morgens klingeln. Ich dachte bei mir: „Der steht aber früh für die Schule auf." Ich bin selbst Frühaufsteherin, und so ging ich in die Küche runter, um Kaffee aufzusetzen. Max saß dort mit der Nase in einer Zeitung und las aufmerksam die bunten Wetterberichte für jede Stadt der USA. Anscheinend interessierte er sich sehr fürs Wetter. Es faszinierte ihn völlig. Für die Schule aus dem Bett zu kommen, fiel ihm schwer. Also waren seine Eltern auf die Idee gekommen, ihm zum Geburtstag ein Abonnement für eine Tageszeitung zu schenken.

Individuelle Interessen sind nicht nur wichtig, wenn sie etwas mit der Schule zu tun haben. Hobbys und sogar Spielzeuge sind ebenso wichtig. Als Marc klein war, war er verrückt nach Figuren von Superhelden. Wir hatten ein paar von den Spielfiguren gekauft, und er verbrachte Stunden damit, sich Abenteuer für sie auszudenken. Für Halloween holte ich meine Nähmaschine heraus und nähte ihm aus Flanellstoff ein Kostüm des Superman (seine Lieblingsfigur). Er trug es jeden Abend als Pyjama, bis es zwei große Löcher in den Knien hatte. In demselben Jahr hatten wir eine Superman-Geburtstagsparty, komplett mit Superman-Spielen und mit einem Superman-Kuchen.

Wir können unsere Liebe für unsere Kinder und ihre individuellen Eigenschaften zeigen, indem wir ihre persönlichen Interessen achten und fördern.

47
Seien Sie dankbar

Dankbarkeit ist die Erinnerung des Herzens.

(Französisches Sprichwort)

Es ist schwer zu erklären, warum zwei Menschen genau die gleichen Umstände erleben können, und der eine fühlt sich betrogen und der andere belohnt. Zum Teil ist das sicherlich darauf zurückzuführen, welche Weltsicht ein Mensch von vornherein mitbringt. Aber der Rest kommt vom Lernen, vom Zuschauen, von der Verbundenheit mit anderen und aus einem Gefühl der Dankbarkeit.

Meine Mutter saß an einem Sommertag in unserem Garten und sagte laut: „Es gibt vieles, für das ich dankbar sein muss." Es beeindruckte mich, dass sie mit solcher Dankbarkeit auf ihr Leben zurückblicken konnte, nachdem sie mit zehn Kindern im Alter von vierzig Jahren Witwe geworden war. Ich fragte: „Mom, wofür bist du dankbar?" „Nun, sieh dir all meine Kinder und Enkel an, glücklich und gesund", antwortete sie.

Ich erinnere mich daran, wie ich an einem Samstagabend mit meiner Mutter Lebensmittel einkaufen ging. Ein Verkäufer machte eine Bemerkung über ihre vielen Kinder und fragte, womit ihr Ehemann sein Geld verdiene. „Ich bin Witwe", sagte sie. „Wissen Sie", sagte er, „wir senken unsere Preise für Obst und Gemüse samstagabends auf einen Dollar pro Packung."

Kurz vor Ladenschluss gingen wir zur Obst- und Gemüseabteilung zurück. Auf vielen Schachteln mit Früchten und Gemüse klebte ein Ein-Dollar-Preisschild. Wir gingen an diesem Abend nach Hause und machten Auberginen mit Parmesan und Tomatensauce und andere Gerichte aus dem überreifen Gemüse. Die ganze Zeit über sagte meine Mutter, wie dankbar sie sei, dass wir dieses großartige Schnäppchen gemacht hatten und dass wir alle ein Dankgebet für so einen netten Mann sprechen sollten.

Das nächste Mal, wenn Sie Ihr Kind auf der Couch herumspringen sehen, seien Sie zuerst dankbar, dass Sie ein gesundes Kind mit kräftigen Beinen haben, und dann zeigen Sie ihm, wie man sich hinsetzt.

48
Schaffen und pflegen Sie Traditionen

Zumindest die Vergangenheit ist sicher.
(Daniel Webster)

Traditionen erinnern uns an das, was in unserer Welt konstant und stabil ist. Im familiären Zusammenhang nehmen diese Traditionen eine persönlichere Form an. Sie werden zu Erinnerungen, die die Familienmitglieder durch ein gemeinsames Erlebnis verbinden. Dem Kind vermitteln sie ein Gefühl von Verlässlichkeit und Sicherheit. Vor allem stärken sie die gemeinsame Grundlage der Familie.

Eine Tradition kann etwas so Einfaches sein wie ein Lieblingsgericht. Das wurde mir zum ersten Mal bewusst, als unser erstes Kind, Michael, aufs College kam. Kurz vor seinen ersten Ferien telefonierten wir miteinander. Nachdem wir seine Heimreise mit allem Drum und Dran besprochen hatten, sagte Michael: „Mom, könntest du Schmorbraten machen, wenn ich nach Hause komme?" Das vertraute Essen gab Michael das Gefühl von Sicherheit und Kontinuität. Er hatte die Atmosphäre unserer Mahlzeiten im Familienkreis vermisst, und seine Erinnerungen waren mit einem traditionellen Essen verbunden.

Ich glaube, eine Tradition kann man ganz einfach her-
stellen, etwa indem man immer dieselbe Hühnersuppe
kocht, wenn die Kinder eine Erkältung haben, oder indem
man in den Ferien jeweils die gleiche Plätzchensorte bäckt.
Solche Traditionen zeigen symbolisch, dass Ihre Kinder
immer wieder auf Sie bauen können.

49
Seien Sie spontan

Man muss sich an der Stelle des Körpers
oder des Verstandes kratzen, an der es juckt.
(Aminu Kano)

Wenn man sich ständig darauf konzentriert, den Haushalt gut im Griff zu haben, vergisst man zu oft, was es für einen Spaß machen kann, gar keine Pläne zu haben. Feste Gewohnheiten sind für Kinder wichtig, aber man sollte nie zulassen, dass sie jede Stunde des Tages beherrschen. Kindern und Eltern tut es manchmal gut, die belebende Freiheit der Spontaneität zu erleben.

Kurz nach Michaels Geburt besuchte ich Pat, meine alte Freundin vom College, die ich schon ziemlich lange nicht mehr gesehen hatte. Zu Pat fiel mir als Erstes ein, wie gut sie organisiert war. Aber als ich dann bei ihr ankam, war es ein bisschen anders, als ich es in Erinnerung hatte. Als ich ins Haus ging, bemerkte ich einen Berg von Geschirr in der Spüle und Haufen von Wäsche auf dem Fußboden. Ich konnte nicht verbergen, dass ich das nicht erwartet hatte. Pat lachte über meine Reaktion. Sie fragte: „Wie gefällt dir meine spontane Seite?"

Sie erklärte mir, dass es zehn Tage lang kalt und verregnet gewesen war und sie und die Kinder drinnen festgesessen hatten. Alle waren mürrisch und reizbar geworden. Am Tag vor meinem Besuch brach schließlich die Sonne durch, und die Kältefront verzog sich. Sie erzählte, sie habe es nicht mehr aushalten können, mit den Kindern drinnen zu bleiben, um die geplante Hausarbeit zu erledigen. Also hatte sie Pakete mit belegten Broten gepackt, die Kinder ins Auto gesetzt und war mit ihnen zu einem See in der Nähe gefahren. Dort hatten sie unter einem herrlichen blauen Himmel Sandburgen gebaut, Bücher gelesen und im Schatten eines Baumes gesessen. Mit einem strahlenden Lächeln sagte sie, dass das einer der schönsten Tage gewesen sei, den sie mit ihren Söhnen verbracht hatte. An den fröhlichen Gesichtern der Kinder konnte ich ablesen, dass sie der gleichen Meinung waren.

50
Zeigen Sie Sinn für Humor

Humor ist, wenn man darüber lacht,
dass man etwas nicht hat,
obwohl man es eigentlich haben sollte.
(Langston Hughes)

Für Eltern wird es immer problematische und schwierige Zeiten geben. Kinder werden krank, es gibt Diskussionen über Zensuren und Schlafenszeiten. Und die ganze Zeit über müssen sie sich damit herumschlagen, die Rechnungen zu bezahlen. Bei all den Höhen und Tiefen, die das Elterndasein mit sich bringt, ist es unbedingt notwendig, den Sinn für Humor zu behalten. Lachen ist etwas, was in guten wie in schlechten Zeiten gleichermaßen gut funktioniert. Es baut Stress ab, gibt uns die Verschnaufpause, die wir brauchen, und relativiert einiges.

Als meine drei Jungen klein waren, guckte ich immer in den Spiegel und war der Meinung, die Ringe unter meinen Augen könnten nicht noch größer oder schwärzer werden. Am nächsten Morgen wachte ich auf, und mir wurde das Gegenteil bewiesen. Ich glaube, in diesen ersten fünf Jahren habe ich keine einzige Nacht genug Schlaf bekommen.

Meine drei Jungen schienen sich in ihren ersten Jahren jede nur erdenkliche Kinderkrankheit einzufangen. Zudem hatte Mike in diesen Jahren als Chirurg jede zweite Nacht Bereitschaftsdienst. Er arbeitete nach einem äußerst anstrengenden, sich ständig ändernden Zeitplan. Manchmal brachte mich das völlig durcheinander, und ich wusste nicht, ob er nun am anderen Ende der Stadt oder im Zimmer nebenan war. Eines Nachts hörte ich Mitch weinen und sprang auf, um nachzusehen, was los war. Als ich über den dunklen Gang zu seinem Zimmer hastete, stieß ich mit Mike zusammen, der auf dem Weg zu einem anderen Zimmer war, um sich um Michael zu kümmern. Ich kann nicht genau erklären warum, aber in diesem Moment guckten wir uns nur an, und während wir unsere Köpfe rieben, brachen wir in Lachen aus. In den paar Minuten, die wir lachten, hatten wir uns gegenseitig all unsere Frustrationen und Ängste mitgeteilt, und das viel besser, als wir es jemals mit Worten gekonnt hätten.

Ein paar Worte
zum Schluss

Eltern müssen so vieles tun, so viele Herausforderugen bewältigen, dass sie davon oft überwältigt werden. Woher sollen Eltern wissen, ob sie genug getan haben? Es wird nicht immer möglich sein, alle 50 Leitsätze, die in diesem Buch bisher zusammengestellt wurden, zu befolgen. Aber Sie werden sehen, dass vieles, was Sie für unmöglich hielten, mit Liebe möglich wird. Liebe ist die Basis, auf der Sie Ihre Beziehung zu Ihrem Kind aufbauen. Wenn Sie sich die Zeit nehmen, diese Liebe zu hegen und zu pflegen, wird sie Sie durch ein Leben voller Herausforderungen, Enttäuschungen, Leistungen und letztlich zum Erfolg führen. Während Sie mit Ihren Kindern durchs Leben gehen, nehmen Sie sich immer wieder Zeit, um sich an die Erfahrungen zu erinnern, die sie geteilt haben. Ihre Erinnerung an die gemeinsame Zeit belohnt Sie für Ihren lebenslangen Einsatz für Ihre Kinder. Pflegen Sie die gemeinsam geschaffenen Erinnerungen, während Sie miteinander wachsen.

51
Das größte Geschenk

Liebe gibt Kraft.
(Mary McLeod Bethune)

Es besteht kein Zweifel darüber, dass ein Kind vom ersten Tag seines Lebens an Liebe versteht. Man sieht es daran, wie sich das Neugeborene sanft an seine Mutter schmiegt und in ihren Armen nach Wärme und Geborgenheit sucht, und an dem Glucksen, mit dem es auf eine Umarmung reagiert. Wenn man ein Kleinkind beobachtet, kann man sehen, dass es auch die Verbundenheit innerhalb der Familie begreift, es streckt beide Arme aus, um Mutter und Vater näher zu sich zu ziehen. Ein Kind versteht, dass Liebe Kraft gibt. Diese einfache Beobachtung ist das Geheimnis glücklicher Eltern.

Letzten Sommer feierten wir mit unseren Kindern unsere Silberne Hochzeit. An unserem Hochzeitstag wachten wir in einem Zimmer voller Ballons und Luftschlangen auf. Tagsüber gingen wir mit unseren Kindern in den Bergen wandern. Sie hatten sich alles Mögliche ausgedacht, unter anderem eine Bootsfahrt unterm Sternenhimmel mit Champagner und Musik. Ich dachte bei mir, das größte Geschenk, das wir unseren Kindern gemacht haben, ist die Sicherheit unserer Liebe und unsere lebenslange gegenseitige Verpflichtung. Aus dieser gegenseitigen Liebe erwuchs eine endlose Liebe für unsere Kinder.

Wir lernen, was uns vorgelebt wird. Wir lernen durch Bilder, die sich über viele Jahre hinweg wiederholen und verstärken: Bilder der Freundlichkeit, der Hilfsbereitschaft, des Respekts, der Hingabe und der Verbundenheit. Liebe ist ein großes Geschenk. Wenn sie früh gelernt und immer wieder gestärkt wird, wirkt sie sich entscheidend auf das Lebensgefühl eines Kindes, seine Lebenswelt und sein Bewusstsein aus.

52
Schaffen Sie Erinnerungen

Methode ist die Mutter der Erinnerung.
(Thomas Fuller)

Sie und Ihr Kind werden ein langes Leben miteinander verbringen. Es wird Höhen und Tiefen geben, aber es werden Ihre Erfahrungen sein, die für Sie und Ihr Kind ihren eigenen, besonderen Wert haben und die Ihnen heilig sind. Vergessen Sie niemals, sich Zeit zu nehmen, um gemeinsame Erlebnisse zu feiern. Jedes gemeinsame Jahr ist eine Leistung und ein Erfolg. Lassen Sie keines vorübergehen, ohne all das zu feiern, was sich während Ihrer gemeinsamen Reise durchs Leben ereignet hat.

Es ist seltsam, wenn die Kinder anfangen, aus dem Haus zu gehen. Wie hält man die Familie zusammen, wenn fast alle an verschiedenen Orten leben? Vor ein paar Jahren sah ich eine Werbung für einen Familienkalender: Schicken Sie zwölf Fotos und eine Liste mit wichtigen Familiendaten – und dann machen wir daraus einen persönlichen Kalender für Sie. Ich ging die Bilder des vergangenen Jahres durch und suchte welche aus. Man kann solche Kalender auch selbst anfertigen und gestalten.

Ich schenkte die Familienkalender unseren Kindern zu Weihnachten, und sie wurden schnell zu einer wichtigen und beliebten Tradition. Die Kalender vermitteln uns etwas von unseren Beziehungen zueinander, erinnern uns an Geburtstage oder ganz einfach an die Zeit, die wir im Jahr zuvor miteinander verbracht haben.

In der vergangenen Zeit liegt ein ganzer Schatz an positiven Erfahrungen, an glücklichen Erlebnissen und an hart erkämpften Erfolgen verborgen. Aber wir lassen uns schnell durch aktuelle Geschehnisse und die Anforderungen ablenken, die die Zukunft stellt. Erhalten Sie die Schöpfungen Ihrer Kinder deshalb in Bildern, Worten und Fotoalben. Wenn wir unsere gemeinsamen Erlebnisse feiern, stärken wir unsere Verbundenheit und bereiten uns auf die Herausforderungen vor, die noch vor uns liegen.